世界鉄道切手夢紀行

写真・文
櫻井 寛

日本郵趣出版

鉄道創世記を描く切手たち。
ワット、トレビシック、スティーブンソン、ブルネル、そして
ロコモーション号&ロケット号。

—はじめに—

海外の列車は憧れの的

２０１５年に『日本鉄道切手夢紀行』を上梓させていただいた。その際に読者の方から、「鉄道切手は海外が豊富です。世界編も期待します」というお便りをいただいた。それから2年で本書『世界鉄道切手夢紀行』の出版が叶った。読者の方との約束も果たせたわけで、ほっと胸をなで下ろしているが、皆様の応援あっての上梓である。心より感謝申しあげる次第である。

さて私は、昭和29（１９５４）年、長野県に生まれた。最初の記憶は信越本線のＤ51、小海線のＣ56など蒸気機関車だった。田舎だけにテレビは普及前、電車や電気機関車は絵本が唯一の知識源だった。ある日、踏切にＤ51が停まっていた。信号待ちで停車していたのだろう。すると突然、ヘッドライトに電気が灯るや否や、汽笛を高らかに鳴らすと発車して行った。その瞬間、私は声をあげた。

「あ、電気機関車だ！」

無理もない。本物の電車や電気機関車を知らない

のだから、電気が点灯する機関車を電気機関車だと思い込んでいたのである。ちなみに、私が本物の電気機関車を見るのは小学校に入学し東京に行く際、碓井峠でアプト式のＥＤ42形を、そして初めての電車は高崎線の80系湘南電車だったと記憶している。

下の写真は、オランダ鉄道の「ホンドコップ」である。英語ではドッグノーズ、「犬の鼻」の意だが、なるほど、犬顔の電車である。実はこの電車、１９５４年、私が生まれた年に誕生している。つまり、２０１７年の時点で、共に63歳の同級生というわけだが、少なくとも私は就学するまでは、電車を知らなかった。けれども、ヨーロッパには近代的な電車がスイスイ走っていたというわけだ。

高度成長によって日本の鉄道も急成長を遂げ、新幹線という名の世界最高水準の高速鉄道保有国となったが、そもそも鉄道は欧米からの渡来品である。諸外国の多種多彩な鉄道を、切手と私の写真で、どうぞお愉しみください。

世界鉄道切手夢紀行　車掌　櫻井寛

世界鉄道切手 夢紀行

—目次—

第1章

世界の高速鉄道

第2章

世界の豪華列車

第3章

アジアの旅

第4章

オセアニア・アフリカの旅

第5章
アメリカの旅

第6章
ヨーロッパの旅

第7章
ヨーロッパの世界遺産

第8章
いにしえの旅

世界の鉄道はここから始まる

ポーランド 「世界の蒸気機関車の歴史：トレビシックが作った世界最初の機関車（1803年）」 1976年

Richard Trevithick
リチャード・トレビシック

イギリス 「産業革命の先駆者 ジェームズ・ワット／蒸気機関」 2009年

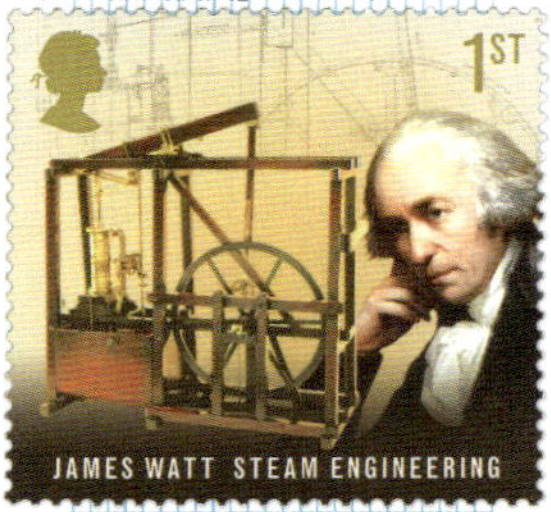

James Watt
ジェームズ・ワット

最初の鉄道の〝乗客〟は「人間」でなく「石炭」

鉄道発祥の国はイギリスである。けれども、ある日突然鉄道が発明されたわけではない。1705年にニューコメンらにより蒸気機関が発明され、1774年にジェームズ・ワットによって回転式蒸気機関が実用化されて産業革命へ。そして、リチャード・トレビシックによって蒸気機関車が発明されたのは1804年のことだった。

ただし、蒸気機関車が鉄道としてちゃんと機能を果たすのは、ジョージ・スチーブンソンによる「ストックトン&ダーリントン鉄道」が開業する1825年まで待たなければならない。つまり、蒸気機関が発明されてから、鉄道が実用化されるまでには、120年もの歳月がかかったというわけだ。

これには落ちもある。世界最初の鉄道のお客さんは、人間ではなく「石炭」だった。人々は煙を吐く鉄の馬に恐れをなし、誰一人として乗ろうとはせず、同じ線路上を走る馬車鉄道

世界鉄道発祥の地ダーリントンを走るE１形機関車。右の建物は1825年当時のコールドロップ（石炭積込み施設）。

イギリス鉄道史年表

（西暦）
1780 1770 1760 1750 1740 1730 1720 1710 1700

1774年 蒸気機関の実用化

トーマス・ニューコメン（1664-1729）

1705年 蒸気機関の発明

ダーリントン鉄道博のロコモーション号。

イギリス 「鉄道150年／ロコモーション号」 1975年

ロコモーション号

イギリス 「産業革命の先駆者 ジョージ・スチーブンソン／鉄道」 2009年

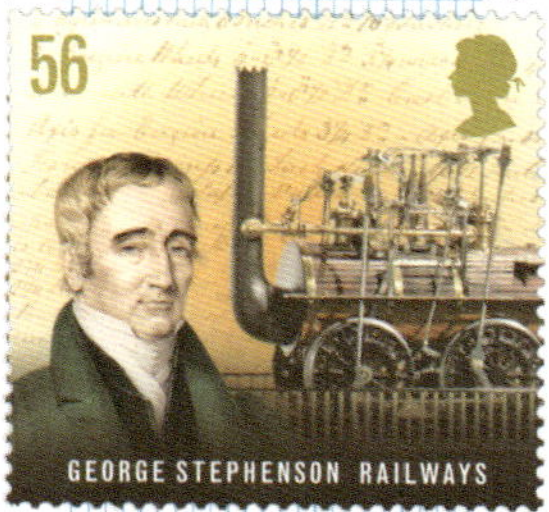

George Stephenson

ジョージ・スチーブンソン

に乗ったようだ。人間が乗客となるのは、それからさらに5年後、1830年開業の「リバプール&マンチェスター鉄道」となった。

そのため、世界最初の鉄道は、1825年説と、1830年説の二つ存在するのだが、どちらにしてもイギリスが鉄道発祥国であることは間違いない。なぜなら、ニューコメン、ワット、トレビシック、スチーブンソンらは、全員イギリス人であり、英国に世界最初の鉄道が走り出したからである。

イギリス「旅客鉄道150年／リバプール&マンチェスター鉄道」 1980年

ロケット号

ロケット号とリバプール＆マンチェスター鉄道の客車。国立鉄道博物館。

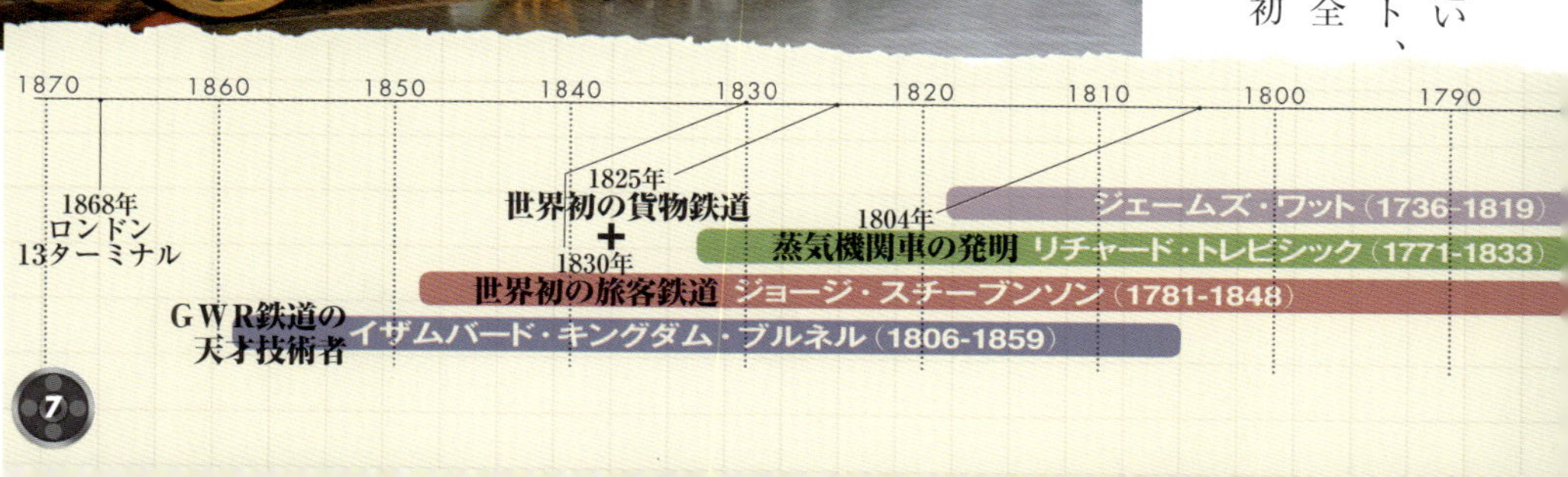

鉄道の起点・ロンドンには13のターミナル駅がひしめく。

パディントン駅にて睨みを利かすブルネル像。

ネビス「グレート・ウエスタン鉄道150年：創業時の技師長ブルネル（1859年）」1985年

Isambard Kingdom Brunel

イザムバード・キングダム・ブルネル

すべての鉄道はロンドンに通ず

ジョージ・スチーブンソンによって世界初の鉄道「ストックトン&ダーリントン鉄道」が1825年に、その5年後の1830年には世界最初の旅客鉄道「リバプール&マンチェスター鉄道」が開業したわけだが、いずれも私鉄として開業している。これは当時のイギリスの国策で、あらゆる産業は民間の自由競争によるべきものとされていた。その結果、数多くの私鉄が誕生し、それぞれ競うかのように首都ロンドンを目指した。

ただし、都心部には建物が密集していたので各私鉄は周辺部にターミナル駅を造らざるを得なかった。ロンドン最初のターミナルは、1836年開業のロンドン・ブリッジ駅、翌37年にはユーストン駅、38年にはパディントン駅と次々に開業し、68年開業のセントパンクラス駅まで実に13ものターミナルが生まれる結果となった。

鉄道草創期には数多の私鉄が誕生したイギリスだったが、第1次世界大戦後には4つの大私鉄、「BIG4」に統合されることになる。LNER（ロンドン&ノースイースタン鉄道）、LMS（ロンドン・ミッドランド&スコーティッシュ鉄道）、GWR（グレート・ウエスタン鉄道）、SR（サザン鉄道）、以上4社である。その勢力図はイングランドを4分割した格好になったが、特徴的なことはロンドンが起点になっていることで、BIG4発足からおよそ100年経過した今日でも、イギリスの鉄道はロンドンを中心に放射状に伸びていることには変わりない。ちなみ

ロンドン13ターミナルの中でも最後に開業したセント・パンクラス駅。

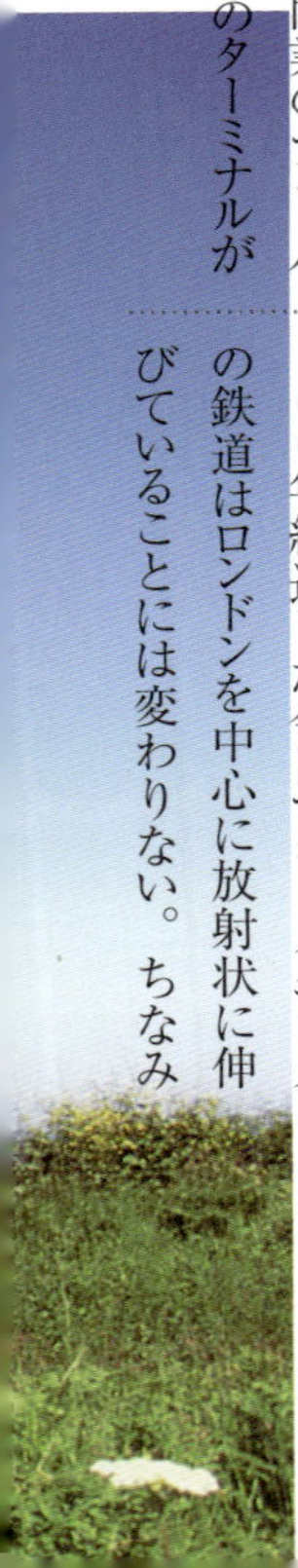

イギリス海峡を望みながら走るグレート・ウエスタン鉄道の蒸気機関車。

イギリス 「グレート・ウエスタン鉄道150年」 1985年。BIG4の蒸気機関車全盛時代の代表的な急行列車

SR

Southern Railway
サザン鉄道

GWR

Great Western Railway
グレート・ウェスタン鉄道

BIG4

LMS

London Midland and Scottish Railway
ロンドン・ミッドランド＆スコーティッシュ鉄道

LNER

London and North Eastern Railway
ロンドン＆ノースイースタン鉄道

に、BIG4のターミナルは、LNERがキングズクロス駅、LMSがユーストン駅、GWRがパディントン駅、SRはヴィクトリア駅などである。

BIG4の中でもとりわけユニークだった鉄道は、GWRだった。天才技術者イザムバード・キングダム・ブルネルによって、線路幅2140㎜という広軌鉄道が開業したのだ。これは、スチーブンソンによって、やがて世界標準となる1435㎜よりも705㎜も広い超広軌鉄道だった。

ブルネルの列車は、スピード、安定性、居住性、積載量などあらゆる点で勝っていた。けれども、大きいだけにコストも半端ではなかった。ついに政府は広軌鉄道建設禁止令を発布。GWRも標準軌に改軌された。パディントン駅には、愛らしいパディントン・ベアとともに、葉巻をくわえたニヒルなブルネル像が鎮座している。

古い電化様式のロンドン地下鉄。架線がない代わりレールが計４本ある。

ロンドン地下鉄正式名はアンダーグラウンド。チューブは愛称。

時速203km、世界最速のＳＬマラード号。

英国の栄華はマラード号まで

イギリスは鉄道発祥の国である。鉄道はイギリスで発明され世界中に広まったわけだ。事実、日本の鉄道も1872（明治5）年に、イギリス製のレール、イギリス製機関車、イギリス人機関士、全てがイギリスの技術によって新橋～横浜間が開業している。それは紛れもない歴史的事実だが、いつしか鉄道技術のリーダーは、イギリスからフランス、ドイツ、日本にバトンタッチしたようだ。

その転換点になったのは、1938年頃ではなかろうか。というのは、イギリスの蒸気機関車の最高傑作と讃えられるLNER「マラード号」が落成し、時速203kmという蒸気機関車の世界最高速を記録したのが1938年だった。ドイツの05形も時速200・4kmの記録があるが世界一は「マラード号」なのである。

ところが、時代が蒸気機関車から電気やディーゼルの時代になるとイギリスから世界初や世界一は生まれていない。例えば、世界初のロンドン地下鉄だが、電化方式は走行用レール2本の他に、給電アースレールを2本の計4本という前時代のシステムで、「ユーロスター」もフランスやドイツの技術が採用され、ロンドン五輪でデビューした「ジャベリン」は日本の日立製である。鉄道発祥の国だけに、いささか寂しい今日のイギリス鉄道事情である。

時速300kmで疾駆する最新鋭ユーロスター。ただしドイツ製。

高速列車ジャベリンは日立製で第３軌条方式。

第1章

世界の高速鉄道

ドイツの高速列車ICE。登場は1991年、
東西ドイツ統一、平和のシンボルとなった。

ユーロスター
ドーバー海峡を渡るヨーロッパの星

DATA

運行区間	ロンドン↔パリ、ブリュッセルなど
主な経由地	リール
運行距離	494km
運行開始年	1994年
運行状況	1日約20往復
その他	発車時刻の20分前までにチェックインを済まさなければならない

ドーバー海峡（英仏海峡）に海底トンネル、ユーロトンネルが開通したのは1994年5月6日のことだ。全長49.2km。日本の青函トンネル（53.85km）に次ぐ長さである。英国のエリザベス女王やフランスのミッテラン大統領（当時）らが列席した開通式は盛大に行われ、日本のテレビニュースでも大きく取り上げられた。それだけ、ヨーロッパの人々のトンネルへの期待は大きかったのだ。何しろ、トンネルの構想はナポレオン時代の1802年にまで遡る。

完成想像図を見ると、海底トンネルを走っているのは馬車。鉄道がなかった200年前のことなのだから無理もない。

そんなトンネルを走行する「ユーロスター」は、ロンドン〜パリ、ロンドン〜ブリュッセル間をノンストップで結ぶ超特急として1994年11月14日に運行を開始。ロンドン〜パリ間は3時間。それまで8時間かかっていたのだから、すこぶる速い。だが、フランスは「TGV」高速新線を300km／hで走行したが、

時速300キロのハイスピードでイギリスの高速新線HS1メドウェイ橋を通過するユーロスター。

高速新線がなかった英国では在来線かつ第3軌条の旧態依然とした線路を走らざるを得ず、144km/hが精一杯。英国は歯がゆかったに違いない。

それから13年後の2007年11月14日、ついに英国にも高速新線「HS1」が完成した。最高速度は300km/h。ロンドン～パリ間は2時間15分に短縮され、ロンドン～ブリュッセル間も1時間51分となった。高速ではあるが、不快な揺れもなく、座席の座り心地も良い。ロンドンのターミナルもウォータールー駅からセントパンクラス駅へと移転し、駅舎も美しく生まれ変わった。

1等車では時間帯に合わせた食事とドリンクサービスがある。食事をしながらの旅はおすすめだ。

フランス「ユーロスター」 2001年

RAILWAY Tea Break

英仏共同発行の開通記念

「英仏海峡トンネル開通」1994年
イギリス　フランス

ユーロトンネルの開通を記念して、両国から同図案の記念切手が共同発行された。図案は左が「ライオン（英）とニワトリ（仏）の握手」、右の切手にはTGVが描かれる。

TGV地中海線

TGVに乗ってパリから地中海へ

日本の新幹線は世界初の高速鉄道だ。1964年のデビュー当時、210km／hで世界最速であった。しかし、17年後の1981年、フランスは最高速度世界一の超高速列車「TGV」を発表。新幹線を50km／hも上回る260km／hでデビューを果たした。

フランス人のスピードにかける情熱は世界一だ。「TGV」はフランス語で「超高速列車」という意味の頭文字だが、スピードへの情熱が「TGV」を生み出したと言ってもいいだろう。デビューこそ華々しかった日本の新幹線は、「TGV」に追いつくことはあっても、抜

DATA

運行区間	パリ↔ニース
主な経由地	リヨン、マルセイユなど
運行距離	975km
運行開始年	2001年
運行状況	パリ発。1時間に1〜4本
その他	パリ〜マルセイユはノンストップで3時間

フランス　「超高速列車TGV」　1974年

オレンジカラーの初代TGV。現在はシルバー&ブルーのツートンカラーに変更。

コートダジュールのヨットハーバーを駆け抜けるTGVデュプレックス。2階席からの眺めは抜群である。

いたことは一度もない。1981年以降、「TGV」が常に世界一であり、今や世界10ヵ国以上に輸出され、その魅力をふりまいている。

初代の「TGV」は、パリ~リヨン間を結ぶ「南東線」であり、1989年には「大西洋線」が最高速度300km/hで営業開始。1993年には「北ヨーロッパ線」が、2007年には「東ヨーロッパ線」、2011年には「ライン・ローヌ線」が開通している。

「地中海線」は、2001年に初代の「南東線」をマルセイユまで延長して開業。パリからの所要時間が大幅に短縮し、南仏まで気軽に出かけられるようになった。導入されたのはオール2階建てのデュプレックス。客車は1等と2等の2種で、2階席からの眺めは素晴らしい。ビュッフェも連結されているので食事もOK。快適な高速列車の旅が存分に味わえる。

海水浴客で賑わうコートダジュールの海岸線を行くTGVデュプレックス。マルセイユ～ヴェンティミリア間は在来線を行く。

時速320キロでTGV東ヨーロッパ線を疾駆するTGV-POS。

フランス「TGV東ヨーロッパ線開通」2007年

SNCF

TGV東ヨーロッパ線
時速320キロ！最速東ヨーロッパ線

パリとストラスブールを結ぶTGV-POS（東ヨーロッパ線）が開業したのは2007年6月のこと。TGV4番めの路線として誕生した。最新のTGVだけに最高速度は320km／h。テスト走行では574・8km／hの世界最高速を記録している。日本の超伝導リニアMLX01-1（浮上式）のレコードが581km／hであることを思えば、鉄のレールを鉄の車輪で走るTGVの速さはいかに驚異的か。フランス国鉄が日本をライバル視していることは明らかなのである。

さらに話題をさらったのは、車両のインテリアをファッションデザイナーのクリスチャン・ラクロワが手掛けたことだ。シックな装いの1等車に対して、華やかなイメージの2等車、未来的空間を感じさせるバール（ビュッフェ）と素晴らしい。同時に、フランス国鉄の制服もグレーとパープルのおしゃれなスタイルに一新された。TGV東ヨーロッパ線は、高速性能とファッショナブルさを兼ね備えた魅力あふれる超特急である。

DATA

運行区間 パリ↔ストラスブール
運行距離 450km
運行開始年 2007年
運行状況 パリ・エスト駅発、30〜60分に1本
その他 全席指定

デュプレックスで行く 世界一の水道橋

パリには六つのターミナル駅があるが、その中でも最も華やかなパリ・リヨン駅よりTGV地中海線に乗って南仏ニームへと向かう。TGV地中海線の主力はオール2階建てのTGVデュプレックス。眺めのよい2階席から時速300km（日本の新幹線Maxは240km）のスピードを満喫しつつニーム駅に降り立った。

ニームは紀元前からの歴史に彩られる都市だが、2000年以上前、古代ローマ人はニームに水を運ぶためポン・デュ・ガール（水道橋）を建造した。目指す世界遺産はその橋である。ニーム駅からシャトルバスに揺られること25分、南仏の緑も濃い森をくぐり抜けると、目の前に壮大な石造り3層アーチ橋が現れた。高さ48m、全長269m、古代ローマ時代の橋では、世界一の高さを誇り、もっとも優れた建築技術だという。それにしても、水を運ぶためだけに、これほど壮大な橋を造ったローマ人とは何者だったのだろうか。

ガルドン川に架かるポン・デュ・ガール（ローマの水道橋）

フランス 「TGV30年」 2011年

国境を越えスペインのフィゲラス・ビラファント駅に停車中のTGV地中海線。

ICE

インター・シティ・エクスプレス

超特急ICEの旅 ビールを飲みながら

ICE（インター・シティ・エクスプレス）は、技術大国にして鉄道大国でもあるドイツが誇る超特急だ。東西ドイツが悲願の統一を果たした直後の1991年、平和と統一の象徴として最高時速280km／hでデビューしたのである。

その後、ICEは、分割併合ができるICE-2や振り子式ICE-Tなどを産み出し、2000年には切手および写真の最新鋭ICE-3が登場した。営業運転での最高時速320km／hはフランスのTGVと同じであり、緊急時には330km／h運転が可能だ。

エクステリアのデザインは、JR西日本の500系新幹線も手掛けたドイツ人デザイナー、アレクサンダー・ノイマイスター。そのせいか、ICE-3と500系新幹線の顔立ちがどことなく似ている。だが、ICEと新幹線の最大の違いは食堂車にあると思う。現在の新幹線には食堂車はない。だが、ICE-3にはビストロ車両があってランチも楽しめる。その上、バーコーナーでは本場のドイツビールがたっぷり味わえる。つまみはフランクフルト・ソーセージで決まり!?

世界遺産ケルン大聖堂を仰ぎつつケルン中央駅を発車するICE。新旧の共演である。

ドイツ「社会福祉 ドイツの鉄道」2006年

DATA

運行区間 ハンブルク⇔ミュンヘン
運行距離 724km **運行開始年** 2000年
運行状況 1日12～16本
その他 自由席が基本であり指定されるとその区間の該当席のみが指定席となる

THALYS

タリス TEE街道を疾駆する艶やかな超特急

DATA

運行区間 パリ↔アムステルダム、ケルン
主な経由地 ブリュッセル
運行開始年 1996年
その他 コンフォート1（1等車）では、時間帯に合わせた食事やスナックが用意される

ワインレッドのコスチュームが艶やかな超特急「タリス」は、パリを起点にベルギーのブリュッセル、オランダのアムステルダム、ドイツのケルンへと疾駆している。

1960～70年代、ヨーロッパには特急ネットワーク「TEE（トランス・ヨーロッパ・エクスプレス）」があった。各国鉄は競ってオール1等車の豪華特急を運行。TEEが最も多く運行されていた区間が、パリ～ブリュッセル～アムステルダムを結ぶ547kmだった。当時はTEE街道と呼ばれ脚光を浴びていたが、やがて航空機に取って代わり、オール1等も時代に合わず、1989年に姿を消した。

ところが、1996年、最高時速300km／hのハイスピードを引っ提げて「タリス」が華々しくデビュー。かつてのTEEルートだけに大好評で、人気列車として定着、「TEE街道」は「タリス街道」と名前を変えた。パリ～ブリュッセル間の所要時間はわずか1時間22分だが、嬉しいことにその短い間でも食事のサービスが受けられる。

ベルギー 「ヨーロッパの文化都市、ブリュッセル」 2000年

ベルギーの小包切手

RAILWAY Tea Break STAMP

タリスとユーロスターが図案のこの切手、ベルギーで数多く見られる小包用の切手。

ベルギー 「ベルギーの最新車両」 1998年

パリ郊外のTGV北ヨーロッパ線にてタリス（右）とユーロスターとのすれ違い

イタリア 「ETR450型」
1988年

アペニン山脈を行くETR500型。現在は改装され「フレッチャ・ビアンカ」に。

ETR500

世界一美しい振り子式の電車特急

ETRとは、イタリア語でElettro Treno Rapidoの頭文字であり、日本語にすると「電車特急」とでもなろうか。イタリア鉄道で1988年に最高時速250km/hの高性能でデビュー。人気も絶大で、イタリアの顔として今日まで活躍してきた。切手の赤い車両はETR450型である。ニックネームは振り子を意味する「ペンドリーノ」。カーブを高速に走行できる振り子式は、世界に先駆けて1973年、日本で中央本線の特急「しなの」(381系)で実用化した。イタリアも日本同様、山岳地帯が多く、高速化のために振り子式*のETR450型を導入したのだった。

その後、ETRシリーズは進化を続け、2011年登場のETR610が最新鋭である。だが、最も人気が高いのが写真のETR500型。世界一美しいと評判で、そのデザインはフェラーリで有名なピニン・ファリナだ。スタイルだけでなく、食堂車やバーカーのインテリアも秀逸。本格的なイタ飯にも大満足。

*振り子式 曲線通過時に車体を傾斜させて遠心力を緩和し、通過速度と乗り心地の向上を図る機構。

DATA
運行区間 ミラノ↔ローマ
主な経由地 ボローニャ、フィレンツェ
運行距離 632km
運行開始年 1995年
運行状況 1日9往復
その他 ベネチア〜ローマ間1日11往復

フレッチャロッサ

「赤い矢」でフィレンツェへ、ランチはお早めに

DATA
運行区間 ミラノ↔フィレンツェ
走行距離 307km
所要時間 1時間45分
その他 全席指定制のため座席予約が必要

FS（イタリア鉄道）が誇る「フレッチャロッサ」は、目にも鮮やかなレッドとシルバーのコントラストが美しい高速列車である。フレッチャとはイタリア語で矢、ロッサは赤。日本語に訳したら「赤い矢」号というわけだ。

始発駅はミラノ中央駅。大理石造りの外観が重厚壮大な、ヨーロッパの中では大きさは一番と言われる巨大ターミナル。5連アーチに覆われた18番まで並んだプラットホームも壮観だ。主な運行区間は、ミラノ～フィレンツェ～ローマ～ナポリに至る中央縦貫ディレッティシマ線である。ディレッティシマとは直線の意で、高速鉄道の代名詞でもある。

「フレッチャロッサ」の美点は数多い。スタイリッシュな外観はもちろん、美味美酒が味わえる食堂車とバーカーなど。ことにランチタイムの食堂車はオープンと同時に満席となる。本場のイタリアンランチを味わいたい方は、食堂車へはお早めに。席が空かないまま終点という悲劇に合わないために。

サンタ・マリア・デル・フィオーレ大聖堂とフィレンツェの町並み。

ミラノ中央駅に並んだフレッチャロッサ（赤い矢号）。

イタリア「高速鉄道」2010

タルゴ

乗り心地はフラメンコ タルゴの旅

スペイン「タルゴと開発者ゴイコエチャ」1995年

DATA

運行区間 マドリード⇔バルセロナ
主な経由地 サラゴサ
運行距離 621km
運行状況 ノンストップ便 マドリード発1日8本、バルセロナ発1日7本
その他 マドリードの国立鉄道博物館には、タルゴⅡが保存されている

ピレネー山脈の向こうはヨーロッパに非ずとはスペインのことだが、鉄道においても他のヨーロッパ諸国とは異なることがある。ゲージ（線路幅）が違うのだ。ヨーロッパの大多数の国は1435㎜の標準軌を採用しているのに対して、スペインは1668㎜の広軌を採用している。このゲージの違いを克服するために開発されたのが、「タルゴ（Talgo）」なのだ。ゲージに合わせて車輪が動きを変える、魔法のようなユニークな列車である。

では、なぜスペインは他国のように標準軌を採用しなかったのだろうか？ その理由はナポレオンにある。鉄道建設当時のスペイン国王は、かつてナポレオン軍によって被った甚大な被害を思い出し、同じことを繰り返さないためにもフランスとは直通できない広軌鉄道の建設を決めたのであった。

しかし、平和な現代。列車が直通できないのは不便このうえない。で、誕生したのが「タルゴ」だった。小型軽量の関節列車だが、タルゴ名物の1軸台車が奏でる音はフラメンコのリズムのようである。

カタルーニャ鉄道博物館の初代タルゴ

AVE

TGVの上を行くサービス スペインの「鳳」

AVEとは、Alta Velocidad Espa olaの頭文字で、日本語にすれば「スペイン高速鉄道」となる。だが、スペイン語には「大鳥」を意味するAVEという単語もあるという。なるほど、AVEの車体には飛翔する鳥のイラストがシンボリックに描かれている。

最初の路線は1992年、マドリードとアンダルシア地方の中心都市セビージャ間の470km。この年、セビージャで開催された万博に合わせての開業だった。高速鉄道システムと車両はフランスの高速列車「TGV」の技術供与を受けた。けれども、トゥリスタ（2等車）、プレフェンテ（1等）、クルブ（特等）の3クラス制を導入し、プレフェンテ以上は食事提供をするなど、明らかにTGVの上を行くサービスを提供。さらに、5分以上遅れると乗車料金を全額払い戻すという時間にルーズなスペインでは驚きのシステムまで導入した。

切手の図案は、マドリードを代表するターミナルのひとつ、アトーチャ駅と「AVE」である。

スペイン 「AVE5周年」 1997年

アンダルシア地方の古城アモルドーバー城の眼下をセビージャ目指し疾駆するAVE。

DATA

運行区間 マドリード↔セビージャ
走行距離 470km
所要時間 2時間15分
その他 全席指定制。国内だけでなく、パリやミラノなどにも直通運転している

マドリード・アトーチャ駅にて出発を待つAVE。この車両もタルゴの仲間で形式名はタルゴ350。

ソウル駅を発車する韓国の超特急「山川」。

韓国 「ソウル・釜山高速鉄道開通」 2004年

KTX 산천
SANCHEON 山川

KTX
仏製の韓国版新幹線 ビュッフェがあれば

DATA

運行区間 ソウル⇔釜山
運行距離 423.8km
運行開始年 2004年
運行状況 1日58往復
その他 特室(1等)はドリンク、新聞、雑誌、音楽のサービス付き

釜山駅にて乗客を迎えるKTXのアテンダント。ドリンクのサービスもある。

2004年4月1日、韓国は世界で7番目の時速300km/hの高速鉄道保有国となった。入札では日本、ドイツ、フランスの3ヵ国が名乗りをあげたが、結局、フランスTGV方式が採用され、フランス製ボディに韓国的なフェイスをまとった韓国版新幹線「KTX(Korea Train eXpress)」誕生となった。

スピードや乗り心地は文句なし。だが、一般室(普通車)の座席が狭いことと向きが変わらないことには困ってしまった。これは、オリジナルのTGVの2等車座席がもともと固定式で、かつシートピッチが狭いことに起因する。在来特急「セマウル号」の座席がとても快適だっただけに不評ふんぷん。それを受けて後ろ向き席5%ディスカウントに踏み切ったのだが、2009年デビューの新型KTX山川では方向転換式に改善されている。

ただ、フランスのTGV標準装備のビュッフェが連結されていないことは惜しい。この点だけは食堂車やビュッフェがない日本の新幹線を参考にしたとか。マッコリ・バーがあったら人気が出るのでは?

夕日を浴び時速300㎞で疾駆する台湾高鐵700T型。

台湾高速鉄道
台湾ならではの多国籍“新幹線”

2007年に開業した台湾高速鉄道は、我らが日本の新幹線の海外初輸出となった記念すべき路線である。だが、100%日本の技術というわけではない。車両は紆余曲折あって最終的に日本製に落ち着いたが、インフラストラクチャーは仏独のヨーロッパ連合、運行システムはフランス、ポイントはドイツ、レールは日本。なぜ、このような多国籍のシステムになったかといえば、建設途中に起こった台湾中部大地震で工事が見直されたことや、様々な国とうまく付き合わなくてはならない台湾ならではの政治的理由によるものだそうだ。

台湾高速鉄道の車両は、東海道・山陽新幹線の700系がベースとなった700T型だ。日本の新幹線の外観との違いにお気づきであろうか。それは乗務員用のドアにある。台湾では運転士も乗客用ドアから乗降、専用ドアは必要なしという考えなのだ。なるほど、合理的かつデザインもスッキリ。

台湾 「台湾高速鉄道」 2006年

「日本の皆さん台湾の新幹線にようこそ！」台湾観光協局の徐雅珊さん。

DATA

運行区間 台北⇔左營（高雄）
運行開始年 2007年
運行距離 345km
運行状況 1日57往復
その他 商務車廂（ビジネスクラス）の座席のひじ掛けには、全席コンセントを完備するほか、ヘッドフォーンが貸与され、オーディオなどが楽しめる

北京〜天津間を結ぶ「和諧号」。ドイツのICE3がベースだが車幅が60㎝ほど広い。

中国　「中国高速鉄道」
CRH2-380型　2010年

和谐号

京津都市間鉄道

ドイツ製超特急和諧号

「和諧号」は中国の高速列車である。写真は天津駅に並ぶ「和諧号」のＣＲＨ３型だ。「和諧号」には、スウェーデン製のＣＲＨ１型から、フランス製ＣＲＨ５型までいろいろあるが、ＣＲＨ３型は、ドイツのシーメンス社の技術によってつくられていて、３５０km／ｈのハイスピードで北京〜天津間を走破している。ドイツではＩＣＥ３型として最高時速３２０km／ｈで運行しているが、中国ではそれを上回っているわけだ。中国の車窓風景は広大。そのため、スピード感はさほど感じないのだが、車内のデジタル速度計に３５０km／ｈが表示されると、多くの乗客が立ち上がりカメラや携帯を向けているのは微笑ましい。

切手の「和諧号」は、ＣＲＨ２型。東北新幹線で「やまびこ」として活躍中のＥ２系をもとに製造されたモデルだ。中国政府は独自開発と言い切っているが。残念なことに、２０１１年7月23日の「和諧号大参事」は、このＣＲＨ２型による事故だった。人命に関わることだけに、スピードよりも安全を最優先でいってほしいと思う。

DATA

運行区間 北京↔天津
運行距離 120km
運行開始年 2008年
その他 「和諧」とは中国語で「調和」の意味。人と自然の調和、技術の調和、社会の調和を願ってつけられた

北海道新幹線

青函トンネルを越えた待望の新幹線開業！

北海道新幹線開業で賑わう新函館北斗駅。

DATA

運行区間 新青森↔新函館北斗
走行距離 148.8km
所要時間 1時間1分

２０１６年３月26日、ついに、北海道新幹線（新青森～新函館北斗間148・8km）が開業した。この日をどれほど待ち望んだことだろう。なぜなら、東海道新幹線が１９６４年に開業して実に52年間、山陽新幹線が博多まで、つまり新幹線が九州に上陸してから41年の歳月が流れている。それだけに誰しもが待ちに待った「祝！」北海道新幹線開業なのである。

北海道新幹線で何よりもシンボリックな情景は「青函トンネル」（全長53・85km）を抜けるシーンであろう。このトンネルは１９８８年に世界最長のトンネルとして開業した。それから29年後に北海道新幹線が開業したというわけだが、同じ２０１６年の12月には、スイスのゴッタルド・ベース・トンネル（全長57・01km）が開業した。わずか３・16km抜かれてしまったというわけだが、スイスのトンネルはアルプスの山中に位置する。つまり、海底トンネルとしては、青函隧道が世界一の座を今も守り続けているというわけだ。

北海道新幹線開業　2016年

遅延により青函トンネル青森側入口で偶然顔を合わせた「はやぶさ12号」（右）と「はやて93号」。

RAILWAY Tea Break STAMP

高速鉄道ライバル4ヵ国 日本の新幹線の美点は?

日本の新幹線のライバルとは、ずばり、フランスのTGV、ドイツのICE、イタリアのETRである。他に、スペインのAVE、韓国のKTX、中国のCRH、台湾のTHSRなども、時速300km以上の高速運転を行っているが、こと、自国の技術のみで高速鉄道を実用化した国としては、フランス、ドイツ、イタリア、そして日本の4ヵ国と言えよう。

その中で、「どれが一番ですか?」と聞かれることも多いが、非常に答えにくい。どの高速鉄道も、その国の地形や気候風土、国民性などを考慮して開発されてきたので、一概には決められないのだ。けれども、客観的な比較なら可能である。

スピードなら、フランス、ドイツ、日本の順。なぜなら、現時点(2017年4月)での営業運転世界最高速は時速320kmだが、最初に達成したのが、2007年6月10日開業のフランス国鉄TGV東ヨーロッパ線であり、そこに乗り入れたドイツ鉄道のICEが2番手、そして日本のE5系「はやぶさ」が2013年3月16日より、最高時速が320kmにアップし3番目となった。イタリアは現在も時速300キロである。

食事に関しては、食堂車とバーがあるドイツのICEと、イタリアのETRが1、2番を分け合い、ビュッフェのあるフランスTGVが3番、悲しいかな食堂車もビュッフェもない日本の新幹線は最下位である。けれども、日本には駅弁がある。

一方、車内の快適性ではドイツのICEに軍配をあげたい。まず座席がいい。座った瞬間はちょっと硬い感じだが、長時間座り続けても疲れにくい人間工学に基づく設計とのこと。ベンツやBMWなどドイツ車の座席が硬いことを思い出し納得する。その他、コンパートメント(個室)、VTR付き座席、サイレント座席(私語禁止)、携帯電話OK座席など、多種多彩なシートが選べるのもドイツICEの美点である。

そんな中で、日本の新幹線が「世界ナンバーワン!」と誇れること。それは何と言っても車内の美しさであろう。フランス国鉄総裁が来日し、折り返し短時間での清掃作業を見て驚き、「この清掃システムをぜひ輸入したい!」と、語ったほど評価は高い。

左からフランスTGV、ドイツICE、イタリアETRだが、どれも汚れている。実はもっと汚れていると私はカメラを向けることはしないので、これでもマシな方である。車内の美しさもそれなりに。

第2章

世界の豪華列車

オリエント急行の車体に燦然と輝ける
ワゴン・リ（国際寝台車会社）のエンブレム。

オリエント急行

世界初の国際列車「オリエント急行」

1883年10月4日の夕刻、パリのストラスブール駅には、一目その列車を見ようと数千人のパリっ子たちが詰めかけ、興奮の渦に包まれていた。彼らの視線の先の列車の名は、「オリエント急行」。その1番列車であった。やがて19時30分、ピカピカに磨きあげられ、さらにライトアップされた5両編成の「オリエント急行」は、オーケストラの奏でる行進曲に送られ、遥かなるオリエントの地、コンスタンチノープルに向け、歴史的なスタートを切ったのである。

コンスタンチノープルとは現在名イスタンブール。一方、パリのストラスブール駅とは今日のパリ・エスト(東)駅。論より証拠、エスト駅の床には「1849年パリ・ストラスブール」の開業銘板が埋め込まれている。ということは、168年前、まさにここパリ・エスト駅から、「オリエント急行」1

セルビア 「オリエント急行125年」 2008年

DATA

運行区間 パリ⬌コンスタンチノープル(現イスタンブール)
主な経由地 ミュンヘン、ウィーン、ブダペスト、ブカレスト
運行距離 約1,800km
運行年 1883年～1977年
運行状況 当初は週1回、後様々な路線で運行
その他 ワゴン・リ寝台車、プルマン客車、食堂車を使用。礼装着用で、当時の王侯貴族・著名人の走る社交場

番列車は発車したのである。

嬉しいことに、オリエント急行は現在も運行を続けている。「VSOE（ベニス・シンプロン・オリエント急行）」と「POE（プルマン・オリエント急行）」だ。左下の写真は、パリ・エスト駅3番ホームにて出発を待つ「POE」。濃紺の車体はあたかも漆塗りのような重厚な光沢を放ち、紅色の絨毯がこれほど似合う列車もまたない。1世紀を優に超える伝統的豪華列車の威厳に満ちている。

→オーストリア、イタリア国境に位置するブレンナー峠を行くオリエント急行VSOE。イタリア語ではブレンネロ峠。

←パリ・エスト駅3番ホームに入線したオリエント急行POE。レッドカーペットがよく似合う。

「ＶＳＯＥ」は、パリ・エスト駅を21時過ぎに発車すると、夜を徹してフランスの大地を駆け抜け、翌日は雄大なアルプスを仰ぐスイス、オーストリア国境付近にて朝を迎える。そのシーンが下の写真である。コンチネンタルのブレックファストがルームサービスされる時間帯である。

　その後、「ＶＳＯＥ」はチロル地方の中心地インスブルックにて進行方向を変えると、ブレンナー峠を越えてイタリアへと向かうが、いにしえのオリエント急行の中でも、もっとも車窓風景が美しかった「アールベルグ・オリエント急行」は、ザルツブルクからウィーンを経由しハンガリーのブダペスト、さらにルーマニアのブカレストへと向かった。切手の図案は、ザルツブルク城と、オーストリア国鉄の蒸気機関車に牽引されるオリエント急行である。

もっとも美しい車窓風景
ザルツブルク歴史地区へ

↑ランチタイムの食堂車。車窓にはチロル地方の山河が広がる。
↓アルプスをバックにスイスからオーストリアに向かうオリエント急行VSOE。

オーストリア 「オリエント急行」 2010年

ペレス城でカロル1世の歓待 ルーマニア・ドナウデルタへ

オーストリア 「オリエント急行」2010年

切手はオーストリアで発行された「オリエント急行」だが、描かれているSLはルーマニア国鉄のパシフィック形蒸気機関車であり、建物もルーマニアはシナイアのペレス城である。今から134年前の1883年10月4日、パリを発った「オリエント急行」1番列車の賓客たちが、時のルーマニア国王カロル1世の歓迎を受けた城が、このペレス城であった。

当時はまだ、トルコのコンスタンチノープル（現在のイスタンブール）まで鉄道は開通していなかった。ルーマニアのコンスタンツァ港、またはブルガリアのバルナ港から黒海を行く汽船でコンスタンチノープル港に至っていたのである。写真下は、ドナウ川を渡るルーマニア鉄道の急行列車だが、鉄橋は2本あり、奥の傘形トラス橋が、国王カロル1世の命により、1895年に完成した歴史的な鉄道橋で、長年にわたりオリエント急行の運行を担ってきた。この下流域に世界遺産「ドナウ・デルタ」が広がっている。

河口に広がる世界遺産ドナウデルタ。

ドナウ川を渡河する都市間特急ブカレスト行き。かつてオリエント急行が走ったのは奥の傘型トラス橋。

オリエント急行のサイドボード。

VSOE（ベニス・シンプロン・オリエント急行）

終着駅を変更して復活 現代のオリエント急行

アガサ・クリスティが、不朽の名作「オリエント急行の殺人」を発表したのは、1934年のこと。アガサは夫君で考古学者のマローワン教授の遺跡発掘のお供で、何度となく「SOE（シンプロン・オリエント急行）」に乗車したという。1930年当時はオリエント急行が最も華やかな時代で、4本のオリエント急行が運行されていた。中でも、シンプロン・トンネルを経由するSOEはアジアへの最速の急行列車であった。

DATA

運行区間 ロンドン⇔ベニス
主な経由地 パリ、チューリヒ、インスブルック
運行距離 約1,750km
運行開始年 1982年
運行状況 3月～11月、年間約30回
その他 ワゴン・リ寝台車、プルマン客車、食堂車を使用。年1回パリ-イスタンブール特別便あり

モンゴル　「思い出のオリエント急行」　1992年

現在の始発駅かつ終着駅、陽光輝くヴェネチア・サンタルチア駅にて出発を待つオリエント急行VSOE。

ミステリーな切手

RAILWAY Tea Break STAMP

下は、アガサ・クリスティ没後40年にちなんで発行された「オリエント急行の殺人」が題材の切手。実はこの切手、温度によって色が現れる「示温インキ」が用いられていて、温めると犯人の絵が浮かび上がる。ミステリーの名作だけに、切手もミステリー⁉

イギリス「アガサ・クリスティ」2016年

切手を温めると隣の窓に犯人が…

オリジナルのオリエント急行は、1977年に廃止されたが、5年後の1982年に復活したのが、今日乗車できる唯一の定期オリエント急行「VSOE（ベニス・シンプロン・オリエント急行）」である。アガサの時代と同様にシンプロン・トンネルを経由し、終着駅をイスタンブールからベニスに変更して登場した。後にVSOEは、より風光明媚なアールベルク峠、ブレンナー峠経由でベニスに至るようにルート変更している。

ディナー以降は正装のドレスコード。ヨーロッパの社交場と化すオリエント急行。

ロンドンから長途1750㎞、終着駅ヴェネチア・サンタルチア駅に到着したオリエント急行VSOE。

ロイヤル・スコッツマン
英国きっての豪華寝台列車の旅

世界最大のフォース鉄道橋。愛称は「鋼鉄の恐竜」。

イギリス「フォース・ロード橋開通」 1964年
手前の橋は自動車用で、背後の橋が鉄道橋。

スコットランド各地を周遊する列車、「ロイヤル・スコッツマン」は、英国きっての豪華寝台列車である。始発駅はスコットランドの都、エディンバラのウェイバリー駅だ。列車は、北部のハイランド地方をめざして出発する。見送るのは、スコットランドならではのバグパイプの演奏だ。車内のラウンジバーでは、グラス片手に「スランジバー！(乾杯)」と、スコットランドの言葉が出発を愛でる。

エディンバラ・ウェイバリー駅を発車して約30分。前方に見えてくるのが、切手に描かれた「フォース橋」だ。全長2528m、高さ110mの世界最大の鉄道橋である。鉄橋の形が恐竜の背中のように見えることから、「鋼鉄の恐竜」の愛称で親しまれている。完成したのは1890年。今なお現役である。今後、老朽化しても、歴史と文化を尊ぶ英国人のこと、今の姿のまま延命させることだろう。

DATA

運行区間 エディンバラ・ウェイバリー↔マレイグなど

主な経由地 グラスゴー、フォート・ウィリアムなど

運行状況 4月〜10月数日〜1週間かけて走る。ただし、夜間は停車

その他 ラフな服装は不可。男性はネクタイ着用、女性はスーツ、ワンピースなど

バグパイプが奏でられる中、エディンバラ駅を出発するロイヤル・スコッツマン。

↑ノーザンテリトリーのアウトバックを力走するザ・ガン号。↓トレードマークはアフガン・キャメル。

ザ・ガン
豪州大陸を縦断する超ロングトレイン

オーストラリア大陸を南北に貫いて走る大陸縦断列車「ザ・ガン号」。世界では五つの大陸を鉄道が走っているが、一つの大陸をパーフェクトに縦断して走る、唯一の列車だ。

1929年に大陸のほぼ中央に位置するアリススプリングズまで開通した当時、列車名は、「アフガン・キャメル・トレイン」であった。開拓の功労者、アフガニスタンからやってきたラクダに敬意を表して命名されたという。それがいつしか短縮されて「ザ・ガン号」。名は体を表すというが、オーストラリアでは逆？

というのも、写真でもわかるように、先頭に立つ重連（2両）のディーゼル機関車を含めて、全部で33両編成、全長733mという超ロングトレインなのだ。日本の新幹線の16両編成も長く感じるが、それでも400mほど。撮影時、ヘリをチャーターし空撮したのだが、超広角レンズでもフル編成がファインダーに収まらなかった。

オーストラリア 「鉄道」 2010年

DATA

運行区間 アデレード⇔ダーウィン
主な経由地 アリス・スプリングズ
運行距離 2979km
所要時間 約51時間
運行開始年 1929年
全線開通年 2004年
運行状況 週に2回
（季節により週に1回）

ブルートレイン

ギネスに登録 世界一の豪華列車

世界の数ある豪華列車の中で、ギネスブックに世界一と登録された列車といえば、南アフリカの「ブルートレイン」である。

豪華列車は、チェックインからして他の列車とは異なる。専用待合室では、朝からウエルカム・シャンパンが手渡され、グラス片手に乗車と相成る。手荷物ももちろん、ボーイの手に委ねられているから手ぶらで乗車だ。車内がまたすごい。ラグジュアリー・キャビンに腰を降ろせば王様気分だ。

個室のドアを開けると、そこはバスルーム。大理石のバスタブがドーンと鎮座している。たっぷりのお湯を注ぎ込んでみたが、まったくこぼれない。列車がほとんど揺れないのだ。滑るかのようなスムーズな走り、極上の乗り心地は世界一の豪華列車ならでは。

この日のランチは、前菜、スープ、魚料理、肉料理、デザートのフルコース。食後は、2両あるバーカーを梯子してお酒を楽しむ。食事もお酒も車内ではすべて無料。財布の心配はご無用だ。

南アフリカ　「ブルートレイン」　1997年

DATA

運行区間 プレトリア↔ケープタウン
運行距離 1600km
所要時間 約27時間（1泊2日）
運行状況 月3〜12便
その他 寝台車のグレードは、ラグジュアリーとデラックスの2種類

→ロイヤルブルーの車体が美しいブルートレイン。

→快適なラグジュアリーキャビン。

「ヴァイスロイ・スペシャル・スティーム・トレイン」は、スリランカきっての豪華列車である。主な運行区間は、スリランカ最大の都市コロンボから、古都キャンディーを経由、山間の終着駅バドゥーラまでの300kmだ。

先頭に立つ蒸気機関車は、英国の名門ベイヤー・ピーコック社製の「B1形」。軸配置2C（前輪2軸・動輪3軸）のテンホイラー機である。機関車の後ろに続くのは紅色のカラーも艶やかな4両の客車だ。1両目は電源&荷物車、2両目は展望車、3両目は食堂車、4両目が再び展望車という編成。食堂車の定員は最大でも32名という豪華さである。

この列車の楽しみといえば、食後やティータイムに極上のセイロン紅茶がたっぷり味わえること。なぜなら、世界的に有名なセイロン紅茶の産地、ヌワラ・エリアの茶畑を縫って走っているからだ。青々とどこまでも続く茶畑を眺めながら頂くセイロン・ティーは格別である。

スリランカ「ヴァイスロイ・スペシャル蒸気機関車25年」2011年

ヴァイスロイ・スペシャル・スティーム・トレイン
豪華食堂車で味わうセイロンティー

ランチタイムの食堂車。味はスパイシー。

DATA

運行区間 コロンボ↔バドゥーラ
主な経由地 キャンディ
運行距離 300km
運行開始年 1986年
運行状況 運行区間はツアーごとに異なる

セイロン紅茶の産地、ヌワラ・エリアの茶畑を縫って走るヴァイスロイ・スペシャル。

最高級のデラックス・スイート701号室。

ランチに供された大分の老舗方寸の重箱。

手洗鉢は人間国宝14代酒井田柿右衛門作。

ななつ星in九州
7両編成の豪華寝台で九州一周の旅へ

DATA

運行区間
博多⇔博多（コースは半年ごとに変更）
運行開始年
2013年10月15日

総工費30億円を投入し、2013年10月15日に華々しくデビューしたJR九州の豪華寝台クルーズトレインが「ななつ星in九州」である。「ななつ星」の名のごとく、7両のパッセンジャーカーからなり、

JR九州オリジナルのフレーム切手

「ななつ星 in 九州」のデザイナー水戸岡鋭治氏が描いたイラストを収めた商品。

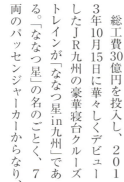

2号車ジュピターの厨房。天井は光天井。

ななつ星専用のバス。ナンバーも7番。

先頭1号車はラウンジカー、2号車はダイニングカー、3〜6号車の4両がスイート寝台車、そして最後尾の7号車がDXスイート寝台車という7両編成である。寝台個室の内訳は、スイート個室が12室、DXスイート個室2室、合計14室からなり、定員は最大でも30名というこれまでの寝台列車とは比較にならないゴージャスさを誇っている。

コースは博多駅発着の1泊2日と3泊4日の2コース用意されているが、九州を一周する3泊4日コースでは、最高級のDXスイートで、190万円(2名1室利用時)という破格の乗車料金もさることながら、運行開始から3年を経た現在でも競争率22・5倍という高い人気を誇っている。ちなみに、一番人気は最後尾の展望DXスイート701号室。これまでの最高倍率は何と316倍!

暮れなずむ由布院駅に停車中の「ななつ星」。豪奢な灯りが車窓から漏れる。

RAILWAY Tea Break STAMP

「ななつ星」「四季島」「瑞風」憧れ、羨望、そして溜息

雪化粧した由布岳を背後に久大本線を快走する「ななつ星in九州」。野矢～由布院間。

2017年5月1日デビューの「TRAIN SUITE四季島」。勝沼ぶどう郷駅。

少々大袈裟な物言いだが、筆者は「ななつ星」によって、鉄道趣味人生が大きく変わってしまった。「ななつ星」誕生以前は、とにかく海外の豪華列車を指向し、オリエント急行「VSOE」に8回、「POE」に3回、マレー半島を縦断するアジアのオリエント急行「E&O」には12回、その他、「ブルートレイン」「ロボスレイル」「ロイヤル・スコッツマン」「ブリティッシュ・プルマン」「デカンオデッセイ」など、世界の名だたる豪華列車に乗車してきた。

ところが、「ななつ星」は、それらに引けをとらないばかりか、むしろ上を行っている部分が多いのだ。よくぞこれほどクオリティの高い列車をつくったものだと感心している。「おもてなし」の心意気も含め、日本のよさが凝縮された豪華列車と言えよう。

「ななつ星」にはこれまで3度乗車しているが、3回目はDXスイート702号室だった。妻と二人で3泊4日、120万円（現在は150万円）という高額なものだったが、何より私が言いたいことは、大金であるはずの120万円が惜しくなかったことである。それほど「ななつ星」の旅は素晴らしかったというわけだ。

ところが、「ななつ星」の誕生から3年半後の2017年に、相次いで豪華列車が登場した。JR東日本の「TRAIN SUITE四季島」（以下、四季島）と、JR西日本の「TWILIGHT EXPRESS瑞風」（以下、瑞風）である。「四季島」の最高級メゾネットタイプの「四季島スイート」は3泊4日、2名で180万円。一方、「瑞風」では1両丸ごと占有する「瑞風ザ・スイート」は2泊3日、2名で250万円。日本、いや世界でも最も高額な鉄道プラチナチケットであろう。それでもなお、半年先まで完売とは驚きである。

ちなみに、筆者は申し込んだものの落選続きである。生来のクジ運の悪さで、「ななつ星」の場合も当選ではなく、キャンセル待ちで乗車できたのだ。さらに、宝くじでさえこれまで300円以上は当たったためしがないのだからクジ運はないものと諦めてはいるが、死ぬまでに、一度は乗ってみたい「四季島」「瑞風」である。

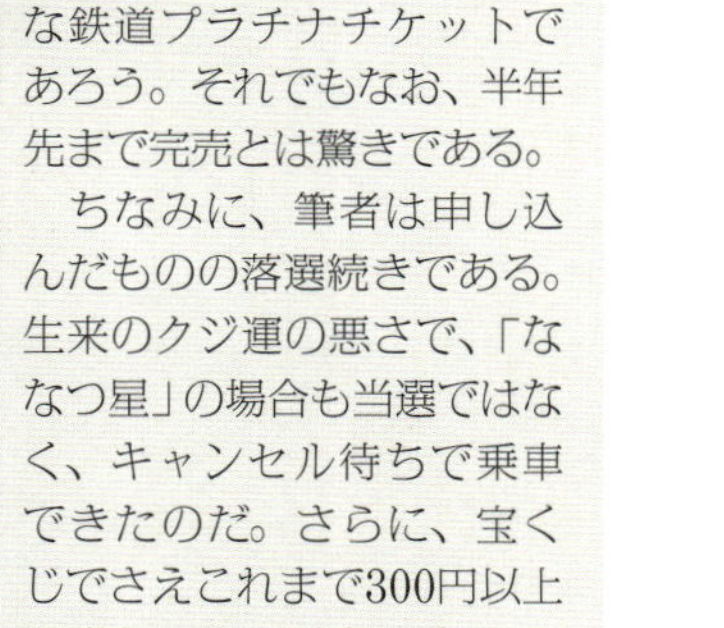

2017年6月17日 京都駅を出発する「TWILIGHT EXPRESS 瑞風」。

第3章
アジアの旅

阿里山森林鉄道の観光列車「阿里山号」のヘッドマーク。

拉薩　西寧
LASA　XINING

青蔵鉄道
世界の屋根チベットを走る

DATA

運行区間 西寧↔拉薩
運行距離 1956km
運行開始年 2006年
運行状況 毎日運行1日1往復、隔日運行6往復。
所要時間 約26時間半
その他 外国人がチベットへ行く場合、入域許可書が必要

標高5072m。中国の青蔵鉄道が走る最高地点である。世界の屋根チベットを走る初の路線として2006年7月に誕生した。ギネスブックにも記されている鉄道の世界最高地点、南米ペルー中央鉄道のチクリオ峠（4783m）、定期列車の走る最高地点駅ララヤ峠駅（4319m）を抜いて世界一となったのである。まさに「熱烈慶祝、青蔵鉄路、全線通車！」なのだ。

だが、気になるのは高山病だ。標高4000m台のペルーの列車では酸素ボンベの世話にはならなかったものの、それなりの息苦しさを味わったからだ。しかし、実際に乗ってみればその心配は杞憂だった。車両はカナダのボンバルディア社の航空技術で開発された機密構造を用い、車内の酸素濃度を平地の75～80%に保っている。さらに、各座席や寝台には酸素マスク用のノズルも常備されていて、ノズルを差し込めばシューシューと勢いよく酸素が流れてくる。高地の旅も安心。快適なのである。

中国　「チベット鉄道開通記念」　2006年

↑硬座の車内。高山病で具合の悪くなる人もいる。
↓拉薩川鉄橋を渡る特快T244列車。先頭のディーゼル機関車は米国GE社製。

シルクロード特快
中国を東西に貫く長距離特快！

DATA

運行区間 上海↔ウルムチ
運行距離 4077km
所要時間 47時間13分（2泊3日）
運行状況 1日1往復
その他 座席は、硬座（2等座席）、硬臥（2等寝台）、軟臥（1等寝台）の3段階

世界最長の鉄道と言えば、シベリア鉄道ロシア号（9258km）だが、中国屈指の長距離列車といえば、いにしえの絹の道に沿って走る「シルクロード特快」である。その距離4077km。シベリア鉄道には及ばないものの、世界第2位のカナダのカナディアン号（4463km）、アメリカ一のサンセット・リミテッド号（4457km）、オーストラリアのインディアン・パシフィック号（4343km）などと肩を並べる。運行区間は上海からウルムチまでで、ほぼ中国の東端から西端までを走破する長距離ランナーなのだ。

「シルクロード特快」の車窓風景は変化に富んでいる。とりわけ、この列車らしい景観といえば、嘉峪関から先に広がる西域であろう。草木1本もないゴビ砂漠の南端を通過するのだ。進行方向右側に砂上の楼閣、嘉峪関が現れる。山海関に端を発した「万里の長城」の最西端である。荒涼とした砂漠の中をひた走り、天山山脈を越え西域へ。天山山脈を貫くトンネルを抜けた先、目に飛び込んでくるのは緑の草原、終点ウルムチである。

中国 「鉄道建設」 1996年

↑上海～ウルムチを結ぶシルクロード特快のサイドボード。
→天山山脈を越えるシルクロード特快。先頭に立つディーゼル機関車は「東風4形」。

香港島中環の繁華街を行く香港トラム。128号は人気観光電車。

Established In 1904

香港トラム

「乗り物天国」の二階建て電車!

買い物に食べ物、魅力満載の香港だが、もうひとつの魅力は、「乗り物天国」だということ。道路には人力車《ヤンネケー》、的士《タクシー》、巴士《バス》、小巴士《ミニバス》、市電《トラム》が走る。海上には天星小輪《スターフェリー》や手漕ぎの小舟《サンパン》、マカオ行きの飛翼船《ハイドロ》、噴射船《ジェット》などの高速船が往来。鉄道は、中国行きの九広鉄路《カウゴンティロ》に海底を走る地鉄《MTR》、郊外には軽鉄先鋒《LRT》、ビクトリアピークには山頂覧車《ピークトラム》と賑やかだ。

とりわけ楽しいのが、現役では世界唯一の二階建て路面電車である。正式名は「香港電車有限公司」。略称はHKT。開業は1904年と古く、市民からは「トラム」、年配の人たちからは広東語で「電車《ディンチェー》」と呼ばれて親しまれている。

眺望抜群の2階の一番前の座席が一番人気だ。そのため競争率が高いのだが、終点まで行って始発に乗れば人気の席も確実にゲットできる。飛び切り優雅に乗りたければ観光トラム「128号」か「28号」の貸切がおすすめ。28は「易発」に通じていて、中国では最高に縁起の良い数字だという。

DATA

運行区間 堅尼地城(ケネディタウン)⟷筲箕湾(シャウキワン)ほか
運行距離 16.3km
所要時間 40分
運行開始年 1904年

香港 「香港市電100周年」2階型市電と1970年型市電 2004年

早朝3時30分、祝山駅に到着したご来光一番列車。標高は2451m、台湾でもっとも高い駅である。

阿里山森林鉄道

スパイラル3回転半 スイッチバック4回

世界三大登山鉄道の一つに数えられる「阿里山森林鉄道」は、台湾中部の阿里山を目指して標高差2186mを駆け上がる。

それだけの標高差を登るだけに、様々な工夫が凝らされている。まずレールは線路幅762㎜のナローゲージで、獨立山では列車が3回転半するスパイラル線を上昇、さらに第一分道から阿里山駅にかけては登山鉄道の代名詞スイッチバック*を4回繰り返す。車両もすこぶるユニークで、米国製の「シェイ」式機関車が長年活躍してきた。シェイは、この機関車を発明した米国人技師の名前であり、ギアとユニバーサルジョイントを使って、急勾配、急カーブに強い全輪駆動のシェイを開発したのだ。定期列車はディーゼル化されたが、記念日などにはシェイも特別運転されている。運行は、「農業委員会林務局」。日本風に言えば農林省となるが、日本統治時代、敷設された森林鉄道がもとである。

＊スイッチバック 急勾配を登坂するため、線路をつづら折り状に折り返して進む方式。

台湾 「阿里山森林鉄道80年」シェイ式とディーゼル機関車 1992年

DATA

運行区間 嘉義↔阿里山
運行距離 71.4km
運行年 1912年
運行状況 1日1往復
その他 台風による土砂崩れのため2017年6月現在、嘉義～奮起湖間（45.8㎞）で運行中

KORAIL

京義線トングン列車

イムジン河を越えて非武装中立地帯へ

第二次世界大戦前まで、京釜線（ソウル～釜山）と共に、韓国の首都ソウルから北朝鮮の平壌を経て中国国境の新義州とを結ぶ朝鮮半島きっての縦貫鉄道だったのが京義線である。1950年の朝鮮戦争以降、38度線で分断されたまま今日に至っている。

だが、2000年に平壌で行われた金大中大統領と金正日総書記（共に当時）の握手によって、京義線連結工事が進み、韓国側は都羅山まで開通し、DMZ（非武装中立地帯）まで列車で行けるようになった。

ソウルから京義電鉄線の広域電車に乗り、汶山駅で9501系トングン列車に乗り換えて臨津江駅へ。ここで下車してパスポートを提示し、都羅山への入域許可証を申請する。待つこと約1時間。許可証を受け取ってトングン列車に乗車する。イムジン河を渡るとDMZだ。無人の荒野が広がり緊張感高まる中、軍事分界線直前の都羅山駅に到着。都羅山の山頂展望台からは、板門店と北朝鮮が遠望できる。

DATA

運行区間 ソウル⇔都羅山
運行距離 55.7km
運行状況 トングン列車、1日2往復
その他 あらかじめ、復路の乗車券も購入しなければならない

軍事境界線と北朝鮮の山河を望む都羅山展望台。

韓国 「機関車シリーズ」9501系ディーゼルカー 2001年

韓国の兵士が見守る中、都羅山行きトングン列車が入線する。DMZならではの物々しい空気が流れる。

マレーシア鉄道KTMコミューター

メーターゲージ線の車窓は植物園！

「マレー鉄道」の名前で親しまれているKTM（Keretapi Tanah Melayu）は、熱帯植物園を走るかのような気分を味わえる車窓風景が魅力だが、最大の特徴は軌間1m、つまり線路幅が1mのメーターゲージにある。植民地に多いので「植民地ゲージ」と呼ばれることもあるが、KTMも英国統治時代に建設された軽便鉄道なのである。

JRの在来線が1067㎜なので、その差67㎜とわずかな差なのだが、技術的には大差が生じるという。実際、JR在来線の最高速度は150㎞／hだが、マレーシアでは電化区間でも90㎞／h。メーターゲージがマレーシア鉄道の近代化を阻んできたことは明らかである。事実、最新の新空港鉄道などは、1435㎜の国際標準軌で建設されている。

写真は、イスラム様式のミナレット（尖塔）が印象的なマレーシアの首都クアラルンプール駅を発車する「KTMコミューター」。クアラルンプール都心と郊外を結ぶ、最新鋭の通勤列車である。

DATA

主な路線
ラワン⇔タンジュン・マリム路線
ラワン⇔スレンバン路線
バトゥ・ケーブス⇔ポート・クラン路線
路線総延長 211km
運行開始年 1995年

マレーシア 「マレーシアの鉄道」 2010年

クアラルンプール中央駅を発車するKTMコミューター。

ダージリン・ヒマラヤ鉄道

インド初の鉄道世界遺産は「おもちゃ列車」

DATA

運行区間 ニュージャルパイグリ⟷ダージリン
主な経由地 カルシャン
運行距離 88km
所要時間 7時間15分
運行開始年 1881年
運行状況 全線直通1日1往復。他に区間運転あり

戦跡クワイ川鉄橋を渡るナムトク線の普通列車。

ナムトク線

戦場にかける橋クワイ川鉄橋

DATA

運行区間 バンコク⟷ナムトク
運行距離 210km
所要時間 4時間35分
その他 1日2往復

タイのローカル線「ナムトク線」は、映画『戦場にかける橋』の舞台となった。前身は、第二次世界大戦中に日本軍が建設した全長４１５kmの軍用鉄道「泰緬甸連接鉄道」だ。当時の日本は、タイを泰、ビルマ（現ミャンマー）を緬甸と表記していたのでこの名がつけられた。現在、線路はミャンマーまで通じておらず、バンコクからナムトクまでの２１０km（泰緬甸連接鉄道としては１２７km）が残るだけだ。だが、その区間には「クワイ川鉄橋」や「アルヒル桟道」「チョンカイの切取り」などの鉄道難所が現存している。

週末ともなればクワイ川鉄橋周辺は観光地と化すが、犠牲者４万５０００人を出して開通させた日本軍の鉄道だったことを記憶に留めておくべきである。

切手は、日本製の蒸気機関車C56形だ。戦争中、多くがタイに渡り、終戦後はそのままタイ国鉄で活躍した。現在もトンブリ機関区に3両が動態保存され、リバークワイブリッジ駅構内にもC56の23号機が展示されている。

今日はクワイ川に遠足。楽しそうな子供たち。

タイ 「タイの歴史的蒸気機関車」 C56 1990年

インド 「ダージリン・ヒマラヤ鉄道」 1982年

インドの「ダージリン・ヒマラヤ鉄道」は、1999年世界遺産に登録された。鉄道の世界遺産としては、オーストリアの「セメリング鉄道」に次ぐ2番目の快挙だった。ニックネームは「トイ・トレイン」。インド国鉄は世界一広い線路幅1676㎜の広軌を採用しているのだが、「ダージリン・ヒマラヤ鉄道」は、わずか610㎜。「おもちゃの列車」と呼ばれても仕方がないかわいらしさがある。だが、世界遺産は堂々たる勲章だ。

登録事由は、1881年の開業以来、ほとんど近代化されずに往時の姿をとどめている点にある。ディーゼル機関車も導入されているが、開業当時に製造された蒸気機関車も現役で活躍している。機関車の先頭付近に乗っている人は砂撒き係。急勾配で機関車がスリップしないように滑り止めの砂をレールに撒くのである。開業時から続く、ダージリン鉄道の風物詩だ。

あまりの寒さにストールを巻き防寒するインド人乗客。

カルシャン市内を行くダージリン・ヒマラヤ鉄道。

ニルギリ登山鉄道

インド南端を走る第二の鉄道世界遺産

インド 「ニルギリ登山鉄道」 1993年

2005年、「ニルギリ登山鉄道」は、「ダージリン・ヒマラヤ鉄道」に続いて「インドの山岳鉄道群」として世界遺産に追加登録された。場所は、インドの南端に位置するタミルナードゥ州。一方、「ダージリン・ヒマラヤ鉄道」は北東部のヒマラヤに最も近い場所だ。両鉄道は、広大なインドの北と南の両端に位置すると言っていいほど離れている。

「ニルギリ登山鉄道」は、インドの南端の州を走っているというわけで、猛暑を覚悟してチェンナイ空港に降り立ったが、鉄道の始発駅メットゥパーラヤム駅は涼しく、ラブデール駅ではセーターが欲しいほど寒くなった。それもそのはず、ラブデール駅の標高は2345m。氷点下まで冷え込む朝もあるという場所だった。

切手の蒸気機関車は、登山鉄道の代名詞、ラック式機関車だ。急勾配区間のメットゥパーラヤム~コンノール間を力走し、他の平坦な区間は、写真のカラフルなディーゼル機関車が力強い走りを見せている。

DATA

運行区間	メットゥパーラヤム⇔ウダガマンダラム
主な経由地	コンノール
運行距離	46km
所要時間	4時間30分
運行開始年	1899年
運行状況	全線直通1日2往復
その他	客車は木造でペンキ塗り

排ガスを噴き上げ急勾配に挑むディーゼル機関車。

世界遺産に登録されたムンバイCST駅。

インド 「歴史的鉄道駅」ムンバイCST駅 2009年

ムンバイCST駅
巨大駅はヴィクトリア様式建築の傑作

DATA
開業年 1888年
所在地 ムンバイ市
その他 正門の柱にヒンディー語による世界遺産のプレートが埋め込まれている

インドにおけるヴィクトリア様式建築の傑作として2004年に世界遺産に登録されたのが、ムンバイ（旧称ボンベイ）の巨大駅「ムンバイ・チャトラパティ・シヴァージー・ターミナス」だ。設計は、イギリスの建築家、フレデリック・ウィリアム・スティーブンス。1878年から10年の歳月をかけて1888年に完成した。当時のインドは、イギリスのヴィクトリア女王治世の時代。女王に因んで、「ヴィクトリア・ターミナス」という名称だったが、1996年、現在の駅名に改称された。チャトラパティ・シヴァージーとは、17世紀のマラータ王国の王にして、ヒンドゥー教の英雄だったチャトラパティ・シヴァージーに由来する。ただ、「ムンバイ・チャトラパティ・シヴァージー・ターミナス」の名は長いので、市民からは「CST駅」と呼ばれている。

同駅は、デリー、バナラシ、ハイダラバード、ゴア方面への長距離列車が発着するほか、豪華列車「デカン・オデッセー号」の始発駅でもある。

美味なるフルコース・ディナー。ワインや食材は北海道の味覚。

上野駅13番ホームに入線中のオール2階建て「カシオペア」。

日本　「鉄道シリーズ4集」　2016年

JR東日本 カシオペア

オール2階建ての五つ星豪華寝台列車

DATA

運行区間 上野⇔札幌
運行期間 1999年7月16日-2016年3月20日
その他 定期運行終了後は団体専用列車「カシオペアクルーズ」「カシオペア紀行」として運行

2000年、東日本旅客鉄道のE26系客車「カシオペア」は、第43回「ブルーリボン賞」の栄冠に輝いた。客車のブルーリボン賞は、1984年の14系客車「サロンエクスプレス東京」以来のことで、JR移行後初の客車受賞となった。「カシオペア」がデビューしたのは1999年。車両は、客車としては初のステンレス車体のオール2階建て、日本初のオールA寝台二人用個室など、それまでの寝台列車のイメージを覆す、全く新しいコンセプトで設計された豪華列車であった。最高級ホテルのみに与えられる五つ星にあやかって、五つの星からなる星座から「カシオペア」と命名されたのである。

列車の編成は12両だが、一番人気は1号車1番個室の「カシオペア・スイート」。上野発の下り列車では最後尾に位置し、逆編成となる青森〜函館間以外は後部の車窓風景が独占できる展望車であった。2016年の北海道新幹線開業に伴い、定期運行を終了した。

カシオペアの先頭車はパノラミックな車窓が楽しめるラウンジカー。

日本　「鉄道シリーズ4集」　2016年

小田急ロマンスカーLSE
今も現役で走る小田急の代名詞

DATA

運行区間 新宿⇔箱根湯本
運行開始年 1980年12月27日
その他 ロマンスカーの愛称には、「あしがら」「はこね」などがあり、日中の特急は「サポート」「ホームウエイ」など

小田急電鉄の7000形「特急ロマンスカーLSE（Luxury Super Express）」が第24回「ブルーリボン賞」を受賞したのは1981年のこと。小田急電鉄といえば、「特急ロマンスカー」が代名詞的存在だが、その歴史は1936年デビューの「週末温泉列車」に始まるという。

第1回「ブルーリボン賞」を受賞した1957年登場の3000形「SE（Super Express）」は日本初の軽量高速高性能電車で、バーミリオンとグレイ&ホワイトの斬新なカラーの流線型車体は話題の的だった。その6年後、運転席を2階に、階下を展望室とした3100形「NSE（New Super Express）」が登場し第7回「ブルーリボン賞」を受賞した。このNSEのイメージを踏襲し、よりラグジュアリーとしたのが7000形LSEなのである。

7000形LSEは、1980年の登場から37年経った今も現役だ。デビュー当時のバーミリオンとグレイ&ホワイトカラーの車体で、新宿～箱根間を快走している。

箱根登山鉄道に乗り入れる伝統的なロマンスカー。

南海ラピート
南海の国際空港乗り入れ特急「鉄人28号」

DATA

運行区間
難波⇔関西空港
運行開始年
1994年9月4日
その他 6両編成の全座席252席中54席は横3列のスーパーシートを採用

南海電気鉄道初の「ブルーリボン賞」受賞は1995年。受賞したのは、1994年に関西国際空港の開港に合わせて大阪の難波と空港を直結するために開発したアクセス特急の50000形「ラピート」である。南海電気鉄道としても初の国際空港に乗り入れるアクセス特急。プランナーには都市計画家の小田靖弘氏、車両デザインには建築家の若林広幸氏を起用した。

車両のデザインコンセプトは「レトロ&フューチャー」。スピード感と力強さを融合させた、ダイナミックかつ斬新なスタイルが採用された。ことに先頭車両の形状は、これまでの日本の鉄道車両とは異なり、実に印象的。ファンからは、「鉄人28号」というニックネームを頂戴している。

インテリアは「ダンディー&エレガンス」をコンセプトに、これまた既存の鉄道車両にはほとんどなかった楕円窓が、外観カラーには海上空港をイメージした「ラピートブルー」が採用された。愛称の「ラピート」はドイツ語で「速い」を意味する。

日本「鉄道シリーズ4集」2016年

斬新な外観の南海電鉄関空特急ラピート。車内も楕円の窓などユニーク。

有明海をバックに快走する特急「白いかもめ」。

KAMOME

JR九州 白いかもめ

水戸岡氏がデザイン 白に黄色のアクセント

日本 「鉄道シリーズ4集」 2016年

九州旅客鉄道885系「白いかもめ」が第44回「ブルーリボン賞」を受賞したのは2001年である。「白いかもめ」をはじめ、JR九州の多くの車両は、工業デザイナーの水戸岡鋭治氏がデザインしている。第1号は1988年、キハ58系を改造した「アクアエクスプレス」で、以来28年間にJR九州だけで46の車両デザインを手掛けている。1992年には鹿児島本線の特急787系「つばめ」(第36回ブルーリボン受賞)、1995年には日豊本線の特急883系「ソニック」(第39回ブルーリボン受賞)、2000年に長崎本線の特急885系「白いかもめ」をデビューさせた。

在来線の特急列車は、ともすればビジネスライクでクールな印象の車両が多いのだが、水戸岡氏が手掛けると、天然素材を巧みに取り入れた温もりのあるインテリアに仕上がる。外観は白一色の「白いかもめ」だが、アクセントに黄色を配しているところは、カモメのくちばし? 遊び心が感じられる。

DATA

運行区間
博多⇔長崎 など
運行開始年
2000年3月11日(885系)
その他 現在は「ソニック」と共用運行されるようになり、アクセントの色も「青」が用いられる

RAILWAY Tea Break STAMP

世界遺産 インドに多く台湾にないのはなぜ？

日本製凸型ディーゼル機関車を先頭に阿里山鉄道を行く列車。

阿里山鉄道のシェイ式蒸気機関車。世界遺産級の鉄道である。

2017年6月現在、ユネスコ世界遺産は1052件の多くが登録されているが、こと鉄道にまつわる世界遺産は、5件6鉄道と決して多くはない。登録順に紹介すると—1998年、鉄道関連初の世界遺産登録の栄誉に輝いたのはオーストリアの「セメリング鉄道」であった。翌99年、２番目に登録されたのが、インドの「ダージリン＆ヒマラヤ鉄道」である。続いて2002年には、ハンガリーの「ブダペスト地下鉄M1号線」。04年にはインドの「ムンバイ・チャトラパティ・シヴァージ・ターミナス（鉄道駅）」。05年には、やはりインドの「ニルギリ登山鉄道」が、08年にもインドの「カルカ＝シムラ鉄道」が、「インドの山岳鉄道群」として追加および拡大登録され、同年、スイスの本命「レーティッシュ鉄道アルブラ線／ベルニナ線」が新規登録された。

つまり、鉄道にまつわる世界遺産は、現時点でインドが3鉄道と1駅。オーストリア、スイス、ハンガリーがそれぞれ1鉄道という内訳である。鉄道発祥国イギリスがゼロ、南北アメリカ大陸やアフリカ、オセアニアも皆無というのは、いささかバランスを欠くと思うが、それにしてもインドばかり多いのはなぜだろう。

あくまでも憶測だが、「ダージリン鉄道」が世界遺産に登録されるや、単独では登録が難しそうな他の鉄道を「インドの山岳鉄道群」として次々に登録申請したインドの作戦勝ちではなかろうか。つまり自己申請しない限り登録されないのも世界遺産のシステムなのだ。

その一方、台湾の「阿里山森林鉄道」は、世界遺産「ダージリン鉄道」と肩を並べる世界三大登山鉄道の一つである。起点は海抜30mの嘉義駅、そして終点は海抜2451mの祝山駅。全長約78kmの間に、標高差2421mを駆け上がる世界でも屈指の登山鉄道である。その間、沿線の樹木は熱帯林から暖帯林、さらに温帯林に変化する。三種類の植物分布圏を通過する鉄道は世界でも他に例を見ない。にも拘わらず、「阿里山森林鉄道」が世界遺産に登録される可能性はないという。理由は、二つの中国という政治的なもの。世界遺産は人類共有の財産である。オリンピックと同様に政治的な垣根は外すべきではなかろうか。

世界遺産でありながら著作権もいい加減なインドの鉄道。

第4章

オセアニア・アフリカの旅

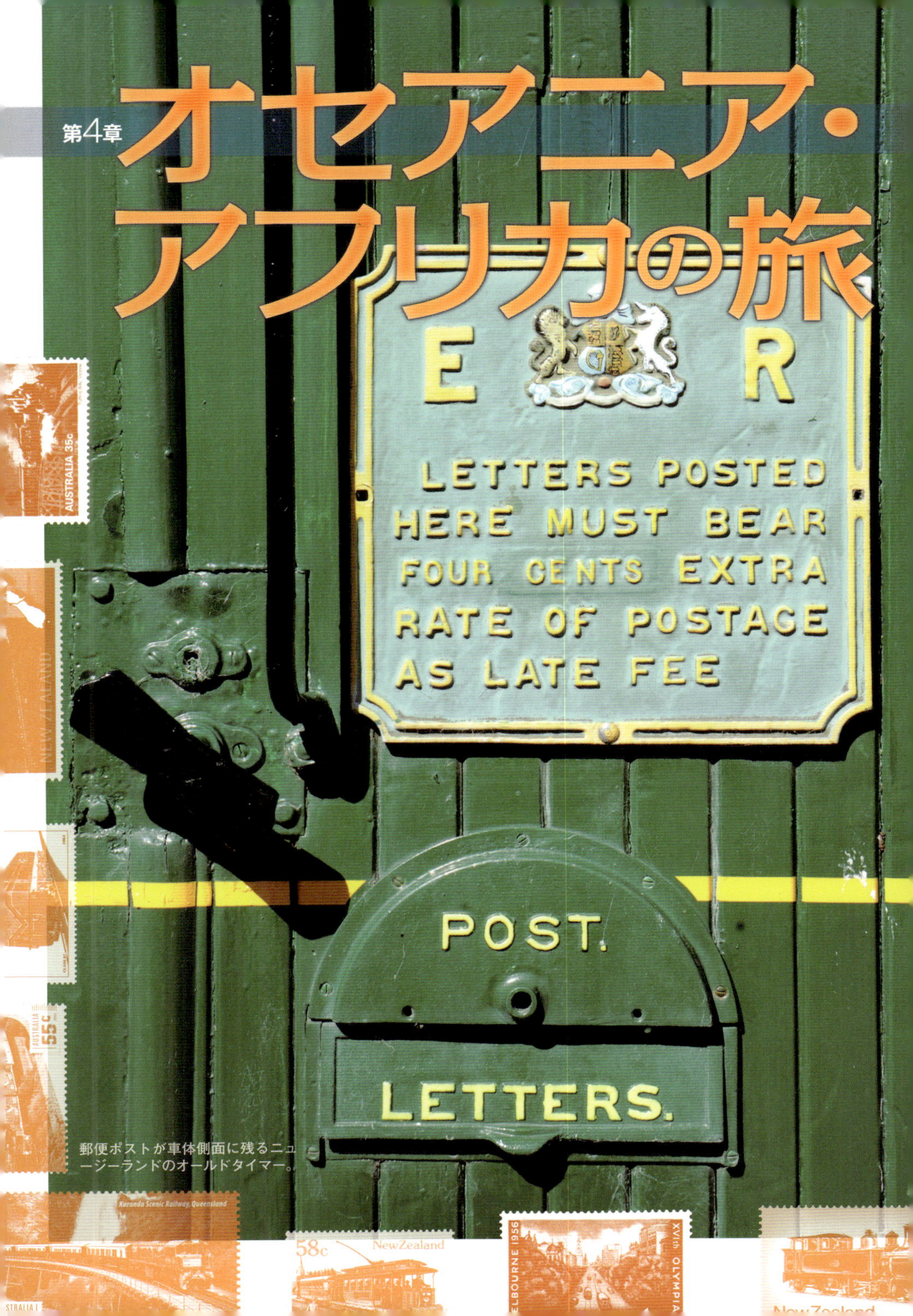

郵便ポストが車体側面に残るニュージーランドのオールドタイマー。

INDIAN PACIFIC

グレート・サザン・レール

インディアン・パシフィック号の旅

DATA

運行区間
シドニー⟷パース
主な経由地
アデレード
運行距離 4352km
所要時間 約67時間
運行開始年 1970年
運行状況 週に2回
(季節により週に1回)

インド洋と太平洋を結ぶことから「インディアン・パシフィック号」と命名されたわけだが、太平洋岸のシドニーを発って3日目の朝、列車はナラボー平原にさしかかっていた。心地よい眠りから覚めた私は、寝台車のカーテンを上げた瞬間、思わずベッドから落ちそうになった。窓の向こう側にあるはずの景色が何もなかったからだ。夢か、幻かと、何度か瞬きしてみたが私の眼はオートフォーカスが故障したカメラのように、ピントが定まらない。こんな経験は初めてだ。気を取り直して再度車窓を見れば、そこは見渡す限り三六〇度が真っ平ら、地平線が陽炎に揺れる砂漠の大地だった。

オーストラリア 「鉄道」 2010年

湖畔を快走するインディアン・パシフィック号。西オーストラリア州パースにて。

樹木など何もないことを意味するナラボー平原。見渡す限り同じ風景が11時間も続く。障害物が何もないから線路は478kmひたすら一直線！　東京からコンパスを当てると直線で478kmは、東京から姫路に相当する。東京から姫路まで、カーブがない、山もない、木もない、何にもないとは、想像を絶するスケールだ。インディアン・パシフィック号こそ世界一の絶景鉄道！

↑イーグルがトレードマークのインディアン・パシフィック号。→地平線の彼方まで続く線路を眺める乗客。↓クック駅にて30分ほど停車する。

Puffing Billy

パッフィングビリー鉄道
窓から足を外に投げ出す！独特の乗車スタイル

DATA
運行区間 ベルグレイブ⇔ジェムブルック
所要時間 約1時間20分
その他 ランチやディナーを楽しめる便も運行している

窓枠に腰掛けるのがパッフィングビリー・スタイル。

オーストラリア 「オーストラリアの保存鉄道」1979年

「パッフィングビリー鉄道」は、オーストラリア初の保存鉄道である。もとは20世紀初めに建設されたオーストラリア最古の鉄道で、いったん廃止されたが、地元のボランティアが保存会を結成、政府などの協力を得て運行再開へとこぎ着けた。パッフィングビリーとは、現存する世界最古の蒸気機関車の名前。ロンドンの国立科学博物館に保存されている名機の名を冠したのである。

運行場所は、ヴィクトリア州の州都メルボルンから約40kmの郊外、ダンデノン山中だ。先頭の蒸気機関車は、1901年にアメリカで製造されたC形タンク機関車。赤い客車を10両ほど連結している。乗客は、座席に座らず窓枠に座って外に足を投げ出す。危ないと思うのだが、鉄のアームがストッパーの役目をしているから大丈夫。これがパッフィングビリー流の乗り方なのだ。機関車がハスキーな汽笛を鳴らすと出発だ。自然を満喫できる25kmの行程は、歓声に包まれる。

メルボルンはオーストラリアの中でも、もっとも英国の香りを漂わせている街。市内にはヴィクトリア様式の重厚感あふれる建物が建ち並び、そこかしこをトラム（路面電車）が走っている。路線はおよそ250kmにも及び、オーストラリアではもちろん最大、世界的にみても有数の路面電車システムで、母国イギリスにも、これだけのトラム網は残っていない。メルボルンが英国以上に英国的と呼ばれる所以である。

現在のトラムは、ホワイトをベースにグリーンの葉をあしらったおしゃれな低床連接車が主流となったが、時折、グリーンとベージュのツートンカラーや、マルーンにゴールドの帯を巻いたアンティークな路面電車もやってくる。「W6クラス」だ。この電車の別名は「シティサークル」。文字通り環状線をぐるぐる回るのだが、この電車に限って料金箱がない。何と運賃無料。堂々とタダ乗りできるうれしいトラムなのだ。

メルボルン市電
シティサークルは運賃無料のトラム

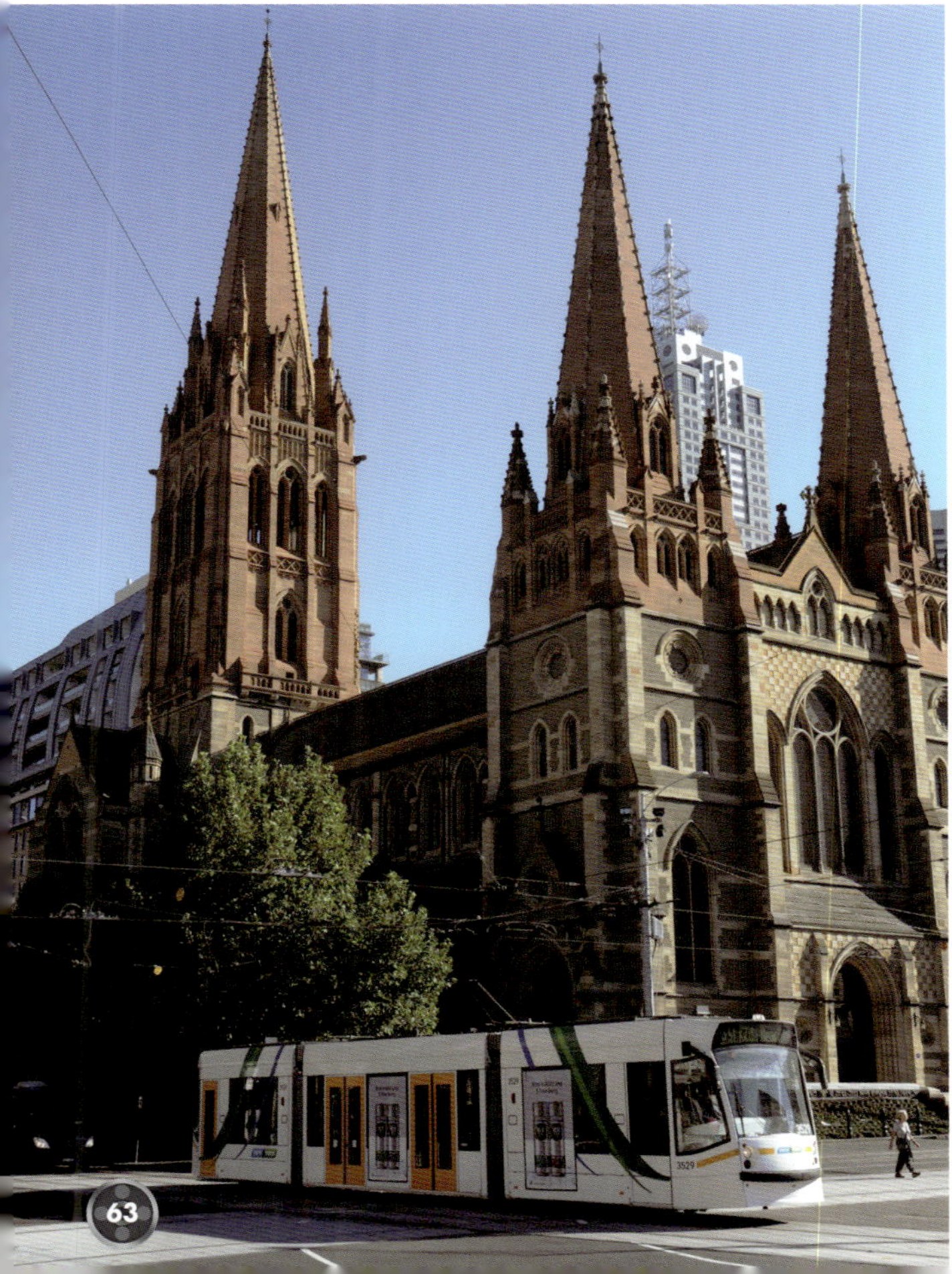

メルボルンの歴史的景観の中を新型トラムが走る。

DATA

運行区間 メルボルン都市エリアの約250km、うち「シティサークル」は1周5.7km。
所要時間 30～40分
その他 2015年からは市の中心部も無料に

オーストラリア 「メルボルンオリンピック」1956年

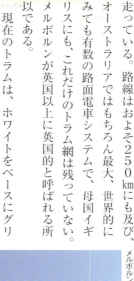

オーストラリア 「鉄道」 2010年

キュランダ・シーニック鉄道

ニシキヘビが護る急峻なる山岳鉄道

クリーンズランド州の熱帯雨林を走る山岳鉄道「キュランダ・シーニック鉄道」の開通工事は、オーストラリア開拓使の中でもその過酷さで知られている。起点のケアンズから終点のキュランダまでは33kmにすぎないが、急峻過ぎる場所ゆえ機械は使えず、ツルハシとシャベルで山を切り開いて線路を敷設していった。費やした歳月は5年。特に、レッドリンチ～キュランダ間には滝や断崖絶壁があり、15のトンネルと93のカーブをもってようやく開通した。1891年の開通式には、最大の難所であり最後に開通したストーニークリーク鉄橋上に、ご馳走とワインがズラリと並べられたそうだ。その鉄橋が切手に描かれている。

ケアンズからキュランダ間は、毎日2往復運行されているが、先頭のディーゼル機関車には、ニシキヘビのイラストが描かれている。絶壁に取りつくようにカーブを進む列車を窓から眺めれば、まるでヘビのように身をくねらせて走っているではないか。オーストラリアの先住民アボリジニにとって、ニシキヘビは聖なる動物である。鉄道もニシキヘビに護られているようだ。

ケアンズ
オーストラリア

DATA

運行区間	ケアンズ⟷キュランダ
主な経由地	フレッシュウォーター・コネクション
運行距離	33km
所要時間	1時間30分
運行開始年	1891年
運行状況	1日2往復、年中無休（クリスマスは運休）

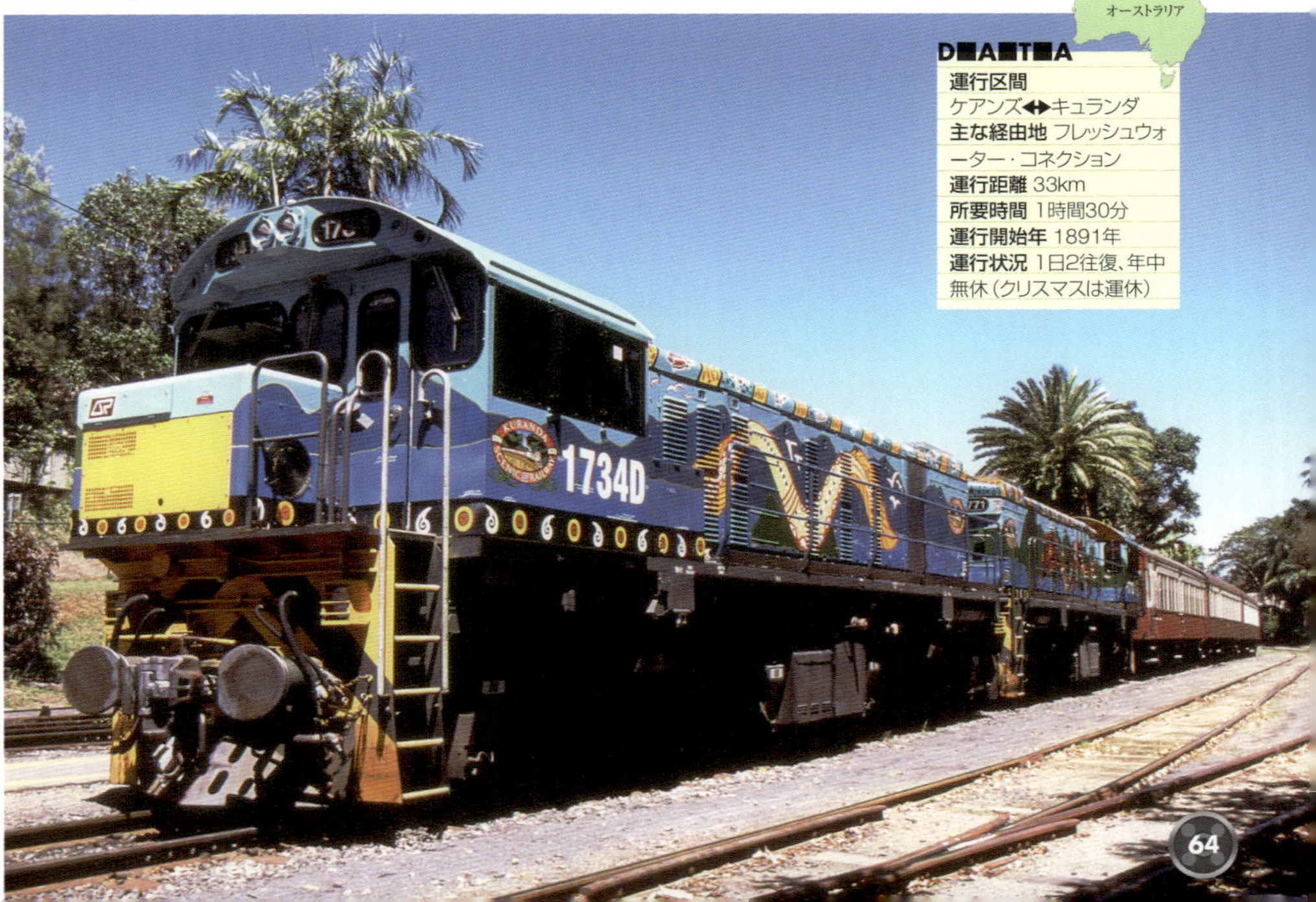

キュランダ駅に停車するアボリジニ・アートの列車。

ニュージーランド 「蒸気機関車」 1973年

機関車の連結作業。ニュージーランド独特の連結器だ。

キングストン・フライヤー鉄道
世界最南端を走る漆黒の蒸気機関車

DATA

運行区間 キングストン⇔フェアライト
運行距離 14km
所要時間 30分
SL列車運行再開年 1971年
再復旧年 1982年
運行状況 10月〜4月 1日2往復

島国ニュージーランドは、赤道をはさんで日本の南南東に位置している。島国以外にも日本と大きな共通点がある。それは、鉄道(在来線)のゲージ(線路幅)が1067㎜ということだ。このゲージは、主要国では、日本、ニュージーランド、南アフリカ、オーストラリアの一部と世界でも少数派。日本もニュージーランドも英国方式で鉄道が敷設されただけに共通点もまた多い。

写真の蒸気機関車は、南島の世界最南端の鉄道、「キングストン・フライヤー鉄道」で動態保存されているクラスAb型。キングストン〜フェアライト間を1日2往復、漆黒のボディを輝かせ力走している。英国製と思いきや、1925年にクライストチャーチで製造された純国産のパシフィック型蒸気機関車だ。25年と言えば日本は大正14年。当時の日本を代表する8620形とは同世代機となる。JR九州のハチロクとともに、いつまでも走り続けてほしいものだ。

黒煙を噴き上げ勇壮なパシフィック形蒸気機関車。黒光りする車体が美しい。

キーウィ鉄道

NZで一番人気の観光鉄道

ニュージーランドで最も人気の高い列車が、南島を横断する「トランツ・アルパイン号」だ。他の列車が2～3両編成なのに対して「トランツ・アルパイン号」はダントツの14両編成。いかに人気があるかわかろうというもの。

始発駅は南島の中心都市クライストチャーチ。太平洋側から終点のタズマン海に臨む港町グレイマウスへ、島を横断して走るのだ。その間に立ちはだかるのが標高3754mのマウント・クックを主峰とするサザン・アルプス。アルプス越えの絶景を求めて人々はやってくるのである。

クライストチャーチを発車した列車は、広大な牧草地が広がるカンタベリー平原を西へ進む。アルプス越えともなれば、急峻な山道が続き、峡谷を眼下に見下ろしと乗客を釘付けにする風景の連続だ。絶叫と歓声が交差する。途中駅のアーサーズ・パスは、標高737mの路線の最高地駅であり、登山基地でもある。

DATA

運行区間
クライストチャーチ⇔グレイマウス
主な経由地
スプリングフィールド
運行距離 223km
所要時間
4時間30分
運行状況
1日1往復（クリスマスを除く毎日）

ニュージーランド 「観光列車」 1997年

ワイマカリリ川が織り成す峡谷を行くニュージーランド南島の人気列車トランツ・アルパイン号。

足元までも風通しのよいオープントラムカーに楽しそうな乗客たち。

ニュージーランド南島の中心都市クライストチャーチを走るアンティーク・トラム。

クライストチャーチ市電

南島の中心都市を走る古風な赤いトラム

DATA

運行距離 2.5km
所要時間 約20分
運行状況 大聖堂前広場を出発し、アートギャラリー、アートセンター、カンタベリー博物館などの見どころを時計回りに結ぶ
運賃 1日間有効で乗り降り自由のチケットは大人NZ$25

ニュージーランドの南島の中心都市クライストチャーチのイメージアップにひと役やっているのが、旧市街を走っている赤いトラム（路面電車）だ。大聖堂前広場を出発。チンチンと鐘を鳴らしながら、観光スポットなどを結んでいる。実はこのトラム、今でこそ昔から走り続けてきたような雰囲気を醸し出しているが、1954年に廃止され、1995年に復活したものなのだ。日本の路面電車が復活した話は耳にしていないが、都市の活性化にもいいし、なにより車より電車のほうが環境にも優しい。ぜひクライストチャーチを見習ってほしいものだ。

ところで、クライストチャーチという名はどうしてついたのだろうか。それは、オックスフォード大学クライストチャーチ学寮出身の学生たちによって開拓されたことに由来する。なるほど、手入れのゆき届いたハグレー公園などを歩いていると、英国のどこかの公園に迷い込んだ気さえする。英国以外で最も英国的な都市と呼ばれ、住んでみたい都市のランキングで堂々の世界一に輝いたというのもうなずける。

ニュージーランド「初期の輸送機関」1985年

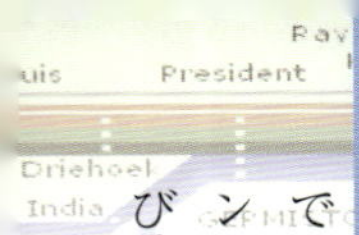

野生動物が生息するサバンナを走るケニア鉄道。

ジブラルタル海峡フェリーとカサブランカ行き列車。

スペインからモロッコのカサブランカへ行くには、「ジブラルタル海峡フェリー」を利用する。スペインのアルヘシラス港からフェリーに乗って2時間半。モロッコのタンジール港に入港。ここでフェリーに接続しているモロッコ国鉄の急行「ベイダ」に乗り換える。

先頭のディーゼル機関車はフランス製で、通称ゲンコツ型と呼ばれるいかついフェイスが微笑ましい。客車は7両編成。朱赤と黄色の車体のカラーリングが青い空と海に映えて美しい。車内はヨーロッパと同じコンパートメント様式で、食堂車はないが、熱々の卵料理やコーヒーなどがデリバリーされる。乗り心地はすこぶる快適だ。

「ベイダ」はアラビア語で「白」、「カーサ・ブランカ」はスペイン語で「白い家」を意味する。カサブランカの駅に降り立った時、目に飛び込んでくるのは白壁の家並みだ。

ONCF

急行ベイダ

カサブランカ行き、モロッコ「白い急行」

DATA

運行区間	タンジール⇔カサブランカ
運行距離	420km
所要時間	4時間45分

モロッコ 「国有鉄道統合」 1982年

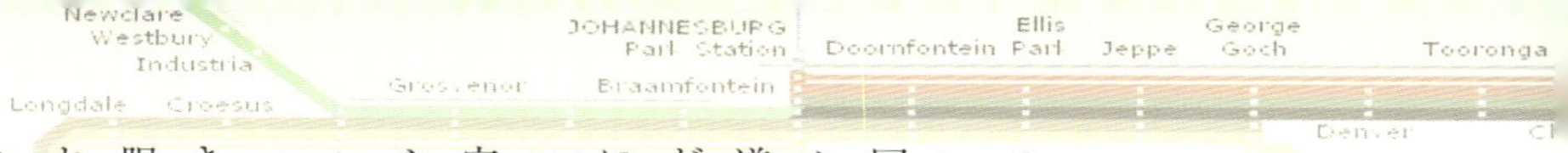

ジャンボ・ケニア・デラックス

サバンナを走る「人食い鉄道」

インド洋に面した港町モンバサからケニアの首都ナイロビをつなぐケニア鉄道は、「人食い鉄道」とも呼ばれている。世界の約140ヵ国に鉄道はあるが、そんな物騒なニックネームで呼ばれている鉄道は他にないだろう。鉄道は、今から110年以上前に建設されたのだが、建設中にライオンが作業員を襲い、次々に食い殺した。犠牲者は200人以上。人食いライオンはごめんだが、沿線は野生動物の宝庫であり、列車に居ながらにしてシマウマやキリンと出会える魅力的な路線なのだ。

モンバサは、高原に位置するナイロビと違って赤道直下の街。じっとしていても汗が噴き出す。私はたまらず寝台列車の窓を開けて眠りについた。深夜、停車した駅の名前を見れば「ツァボ」とある。かつて、人食いライオンが出没した場所ではないか！ 今でもライオンは生息している。急いで窓を閉めた。

DATA

運行区間 モンバサ⇔ナイロビ
運行距離 530km
所要時間 14時間
運行状況 週3往復
その他 通称「サバンナ急行」。号車番号や寝台番号が記された名簿が、ホームの掲示板に貼り出される

ケニア「ケニア鉄道の機関車」1997年

食堂車で朝食を楽しむファミリー。

旅の思い出をより味わい深く――鉄道の「絵入り印」カバー

こちらは、出発地のベルグレイブで買ったパッフィングビリーの絵入り印が押された記念カバー。

出発駅のポストに投函した郵便物に、パッフィングビリー鉄道の絵入り印が押されてウシオさん宛に届いたはがき。オーストラリアにはこの他、Permanent Pictorial Postmark が鉄道以外も含めて各種ある。

「パッフィングビリー鉄道」の絵入り印

「ザ・ガン」の絵入り印

オーストラリア
「観光輸送」2015 年

上のはがきは、櫻井さんの長年の鉄友・ウシオさんが20年ほど前に、旅行先のオーストラリアから自分宛に差し出したもの。旅の記録にと、旅先から自分宛に絵はがきを投函することはよくありますが、ここでの注目は…そう、切手に押されたSL図案の絵入り印！

パッフィングビリー鉄道のC形タンク機関車が走る絵の下に"PUFFING BILLY"の大きな文字、円の内側には日付と差出地（BELGRAVE、鉄道の出発地点）の表示が入っています。一見、観光駅の待合室に置かれている記念スタンプのようにも見えますが、この絵入り印はれっきとした郵便日付印です。"Permanent Pictorial Postmark"、日本の風景印に相当するもので「使用年月を特定しない、いつでも押印できる絵入り特印」と言ったところです。

その数日後、ウシオさんは"ザ・ガン"に乗り、途中のアリススプリングスで自分宛に投函、左上の絵入り印が押されたはがきが届きました。鉄道図案に限らず、Permanent Pictorial Postmark は旅の良い思い出となるでしょう。（編）

第5章 アメリカの旅

ペルーレイル「ハイラム・
ビンガム号」のエンブレム

VIAレールカナダ

4泊5日で大陸横断カナディアン号

全長4466km！ カナダ西部の港町バンクーバーと、東部の大都市トロント間を71時間30分、車中4泊5日で走破する大陸横断列車が「カナディアン号」である。

4466kmといってもピンと来ないが、東京駅から東海道山陽本線

カナダ 「バンフスプリングスホテルと大陸横断特急」 1993年

DATA

運行区間	バンクーバー⇔トロント
運行距離	4466km
所要時間	71時間30分（4泊5日）
運行状況	週3往復

を西に進み、関門トンネルをくぐり最初の駅が九州の門司駅。そこで1102㎞。つまり東京〜門司を2往復してもまだ「カナディアン号」の方が長距離なのだ。

車内で4泊5日を過ごすだけに、すこぶる快適にできている。寝台は1人用個室「ルーメット」、2人用個室「ベッドルーム」、さらに「スイート」があり、個室内にシャワーも完備する。寝台車の乗客には食事も無料でサービスされるほか、ラウンジのドリンクやスナック、フルーツなどもフリー。

ラウンジは3ヵ所あるが、私が「カナディアン号」の旅で最も長く過ごしたのが、最後尾の「パークカー」。1階にドリンクやフルーツ、スナックのコーナーがあり、2階はガラス張りのドーム展望車。そこから見たカナディアン・ロッキーの雄姿や満天の星空など、今も脳裏に刻まれている。

↑冬のカナディアンロッキーのムース湖畔を快走する大陸横断列車カナディアン号。
↓パークカーにてウエルカム・シャンペンのサービス。

世界初の鉄道切手！

右は、1860年に当時の英領ニューブランズウィック（カナダ東部）から発行の、鉄道を描いた一番切手。この年に同地区最初の鉄道が開業している。

ニューブランズウィック1860年

カナディアン・パシフィック鉄道

王冠のレリーフが輝く美しき蒸気機関車

カナダで最も美しい蒸気機関車といえば「ロイヤル・ハドソン」であろう。ロイヤルは王室、ハドソンは特急列車専用に設計された蒸気機関車の愛称で、日本では東海道本線で特急「つばめ」「はと」などを牽引したC62形蒸気機関車がハドソン形だった。

カナダの「ロイヤル・ハドソン」は、エリザベス女王がカナダご訪問の際に乗車されたロイヤル・トレイン、つまり、お召し列車を牽引した栄光の蒸気機関車である。

その証拠に機関車のサイドには王冠のレリーフがシンボリックに輝いている。

午前10時ちょうど、ノース・バンクーバー駅を「ロイヤル・ハドソン」はスタートする。発車してほどなく、進行方向左側の車窓には海が広がった。ハウ・サウンド（海峡）である。この海峡ではシャチの映画『フリーウィーリー』が撮影された。列車は美しい海峡を眺めつつ、風の町、スコーミッシュへとひた走る。

カナダ「カナダの機関車」1986年

ニューメキシコ州の荒野を行く伝統的大陸横断列車チーフ号。↙ドリンク&スナックの売店。

DATA

運行区間 バンクーバー↔トロント

主な経由地 カムループス

※現「ロッキー・マウンテニア号」のルート

設立 1881年

王冠も誇らしげな蒸気機関車ロイヤル・ハドソン。

サウスウェスト・チーフ
アムトラック大陸横断鉄道の旅

アメリカ 「有名な列車」 1999年

アムトラックの「サウスウェスト・チーフ号」は、サンタフェ鉄道時代の「スーパーチーフ号」のルートを踏襲している。ロサンゼルス～シカゴ間を約40時間かけて西部開拓時代の道、荒野が広がるサンタフェ・トレイルに沿って進む。ちなみに、「チーフ」とは、ネイティブ・アメリカンの族長の意味である。

旅客機が発達する前のアメリカは、大手私鉄が運行する大陸横断特急が最も速い交通手段だった。中でも、ロサンゼルスとニューヨークを結ぶ最速列車の組み合わせの一つが、切手の「スーパーチーフ号」(ロサンゼルス～シカゴ、右)と、「20世紀特急」(シカゴ～ニューヨーク、左)。往年の銀幕スターがハリウッドからブロードウェイに凱旋する際、好んで乗った列車である。半世紀以上が経過した今、大手私鉄の大陸横断特急はすべて姿を消し、代わりに政府出資のアムトラックによって運行されている。

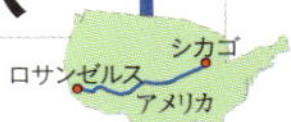

DATA

運行区間 シカゴ↔ロサンゼルス
主な経由地 アルバカーキ
路線総延長 3,631km
所要時間 約40時間(2泊3日)
運行状況 1日1往復

サンフランシスコ市営鉄道

西海岸の風物詩 ケーブルカーが走る街

DATA

主な路線
パウエル - ハイド線
パウエル - メイソン線
カリフォルニア・ストリート線
運賃 1回6ドル

アメリカ 「史跡」1971 年

チャイナタウンの坂道を上るケーブルカー。ステップに立ち乗りはサンフランシスコ流。

サンフランシスコは、世界最古の路面ケーブルカーが走る街である。路面ケーブルカーとは、路面電車のように道路を走るケーブルカーのこと。かつてはニューヨークやロサンゼルスなどでも走っていたというが、自動車の増加とともに廃止されてしまった。サンフランシスコでも何度か廃止の危機があったそうだが、市民の暖かい声援を受け走り続け今日に至っている。

路線は、「パウエル・ハイド線」「パウエル・メイソン線」など3路線からなる。「♪カカッカ、カッカン！」とゴングを鳴らしながら到着。乗客を降ろすとすぐにターンテーブルで方向転換。これが何と人力なのだ！ 運転手のことはドライバーではなく「グリップマン」。道路の下を走っているケーブルをグリップ(つかむ)して走るからだ。ケーブルのスピードは15㎞/h。だからケーブルカーの時速も15㎞である。

ニューオリンズのダウンタウンを行く「欲望という名の電車」

ニューオリンズ市電

古風な路面電車「欲望という名の電車」

アメリカ 「劇作家ウィリアムズ」1995年

テネシー・ウィリアムズの戯曲で1951年に映画化された『欲望という名の電車（A Streetcar Named Desire）』の舞台になったのが、ニューオリンズ市電だ。米国南部ルイジアナ州最大の都市、ニューオリンズの古式ゆかしい路面電車である。映画の冒頭は、ブレーキを軋ませながら停車する路面電車から、孤独な未亡人役のヴィヴィアン・リーが降り立つシーンから始まる。

現在、ニューオリンズ市電は3路線あるが、ヴィヴィアン・リーが乗った「欲望という名の電車」が今も走るのは、「セントチャールズ・アベニュー線」。ダウンタウンの一角、カナルストリートからセントチャールズ・アベニューを経由して10・6㎞先のキャロルトン・ストリートの交差点まで。所要時間は約35分。「チン、チン！」というベルが鳴ると電車は動き始める。走っているのは1920～30年代に製造されたアンティークな電車だ。車内もまた古く、座席もすべて木製。エアコンもないので窓は全開だ。

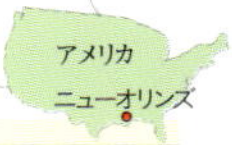

DATA

運行状況 毎日。15分間隔で運行
カナル・ストリート線:
街の中心部と市民公園を結ぶ。
セントチャールズ・アベニュー線:
世界一古い路面電車として有名。
リバーフロント線:
主要な観光スポットを訪れるのに便利。
運賃 乗車区間にかかわらず片道1.25ドル

伝統的にエアコンはなく開け放たれた窓を流れる風が心地よい。

オールJRの10倍以上！巨大なるアメリカ鉄道

アメリカ合衆国（以下、アメリカ）の鉄道は重厚にして長大である。一頃より衰退したとはいえ、今もなおアメリカの鉄道の総延長は22万9037kmに及ぶ。これは全世界の鉄道の⅓を占めるという、いかにもアメリカらしい堂々たる数値だ。航空機の発達とモータリゼーションによって旅客列車は少なくなったが、貨物鉄道は全米に574社もあり、中でもビッグ4と呼ばれる大手私鉄の「BNSF（バーリントン・ノーザン・サンタフェ鉄道）」と「UP（ユニオン・パシフィック鉄道）」は営業キロ5万km以上。次いで、「CSX鉄道」「NS鉄道」も3万kmを超える。日本のJRを全部足しても2万キロに満たないことを思えば、いかに巨大な鉄道会社が多数あるかよくわかる。

ちなみに、これらの貨物鉄道会社では、「ブロードウェイ」と呼ばれる線路幅1435㎜の標準軌の線路上を、コンテナを2段積みした全長1マイル（約1.6km）にも及ぶ長大な大陸横断貨物列車を走らせているのである。それゆえ、アメリカの鉄道といえば、いかにもアメリカらしい「重厚長大」なイメージに彩られているわけだ。

一方、少なくなったとはいえ伝統的な旅客列車も健在である。半官半民のアムトラック（全米旅客鉄道輸送公社）が、4ルートに大陸横断特急を運行している。西海岸から東海岸までの所要時間、いや日数は車中3泊4日である。

北から順に、シアトル～シカゴ間を結ぶ「エンパイア・ビルダー号」。サンフランシスコ郊外のエミリービルとシカゴを結ぶ「カリフォルニア・ゼファー号」。ロサンゼルス発シカゴ行きは「サウスウエスト・チーフ号」。最も南寄りのルートで、ロサンゼルス～ニューオリンズ間を結ぶのが「サンセット・リミテッド」だ。

これらの大陸横断特急に接続し、東海岸に向かう列車には、シカゴ発ニューヨーク、ボストン行き「レイクショア・リミテッド号」、シカゴ発ワシントンDC行き「キャピトール・リミテッド号」、そしてニューオリンズ発ニューヨーク行き「クレッセント号」がある。

3泊4日かけて大陸を横断する気分は格別なもの。アメリカの広さを実感するのに、これほど相応しい乗り物は他にない。

左上：ディーゼル機関車4重連のBNSF貨物列車。左下：世界最大の蒸気機関車BigBoy。右：2階建て客車を連ねた「カリフォルニア・ゼファー」。

メキシコ・シティー・メトロ
世界一安い！高原都市の地下鉄

メキシコ「メキシコ・シティ地下鉄開通」1969年

メキシコの首都、メキシコ・シティは、標高2240mに位置する高原都市だ。標高があるだけにちょっと走っただけでも息切れしてしまう。そんな時は、息切れ心配なしの地下鉄に乗ってみよう。

メキシコ・シティー・メトロのタイヤはゴムである。日本では、札幌の地下鉄がゴムタイヤだが、方式がちょっと違うようだ。札幌はゴムタイヤだけで走行するが、メキシコでは2本のレールに鉄の車輪、そこまでは普通の鉄道と同じで、その他に加速や減速用のゴムタイヤがついている。そのせいか、自動車のように加速がいい。ブレーキをかけると、煙が出るくらいに速い！

さらに、メキシコ・シティー・メトロの料金は、世界一安いことでも知られている。メキシコは物価が安いこともあって、電車やバス、タクシーなどの公共交通機関の料金は安く設定されている。地下鉄の運賃もひと駅乗っても終点まで乗っても同額の均一料金で、大人1回5メキシコペソ。日本円に換算すると約40円だ。とても得した気分になる。旅行者にも優しい地下鉄だ。

DATA

運行開始年 1969年9月
運行距離 環状11路線で201.7㎞
その他 駅名の代わりにマーク式の「ステーション・ロゴ」を設定

標高2240mの高原都市メキシコ・シティの地下鉄はゴムタイヤ。それゆえ急加速、急ブレーキ？

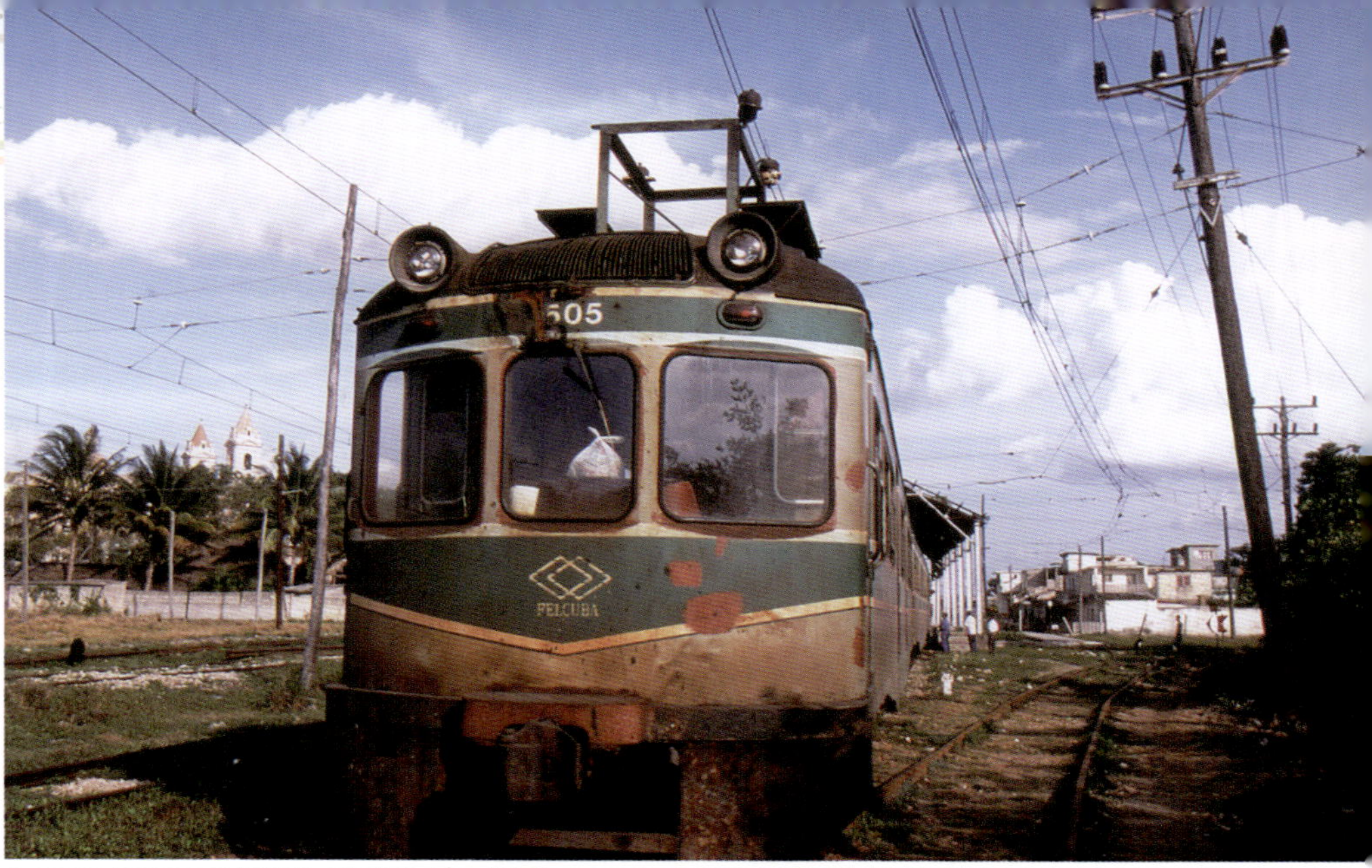

スペイン製のオンボロ電車。これでも現役で活躍中である。

キューバ　「キューバ鉄道国有化30年」
1990年

カーサブランカ線で通学する少女たち。

運転台。スピードメーターに針はナシ。

カーサブランカ線
驚くほどボロボロ キューバの3両編成

1959年の革命以来、キューバは社会主義を貫いている。アメリカ最南端のフロリダ半島からわずか145kmしか離れていないにもかかわらず、国交がなかった。アメリカとは自由に行き来ができず、自動車も鉄道車両も部品すら輸出入できなかったのだ。結果、キューバには1950年代につくられた自動車や鉄道車両が今でも走っているのである。

首都ハバナではUFC（キューバ国鉄）カーサブランカ線に乗車。3両編成の電車は驚くほどボロボロだ。座席からはスプリングが飛び出し、運転台のスピードメーターは壊れていて針もない。1時間遅れて発車したが、途中、揺れるはスパークするはで尋常ではない。そして電車は停止。なんと架線が切れて停電したのだった。時間は夜の9時。修理中の鉄道マンに聞けば、「マニャーナ（明日）」と言う。つまり、「明日になれば走るよ！」

DATA

運行区間 ハバナ⇔マタンサス
運行距離 92km
所要時間 約2時間50分

アメリカの中古ディーゼル機関車が活躍するパナマ運河鉄道。

パナマ　「パナマ運河鉄道150年」　2007年

元アメリカのスーパードームカー。

「ようこそ」の文字が見えるパナマ駅。

パナマ運河鉄道

運河船よりも速く東西を結ぶ鉄道

南北アメリカ大陸の接点にあるパナマは、西海岸は太平洋、東海岸は大西洋に接している。西海岸と東海岸の間の、一番近い所は約65㎞。この間につくられたのがパナマ運河だ。1914年開通。太平洋と大西洋を行き来していた船舶は、時間がかかる南米大陸の最南端経由ルートから解放されたのであった。

この運河に沿って鉄道が走っている。「パナマ運河鉄道」だ。開業は1855年と古く、運河が開通する59年も前から、太平洋岸のパナマ港に着いた船客や荷物などを大西洋のコロン港まで運んでいた。もちろん、バリバリの現役。実は、便利そうなパナマ運河だが、船が通過するのに待ち時間も含めると何時間もかかる。鉄道にはそれがないから速いというわけだ。太平洋岸のパナマシティ駅を発車した列車は、1時間で大西洋岸のコロン駅に到着。ドーム展望車からの景観もおすすめだ。

DATA

運行区間	パナマシティ↔コロン
運行距離	77㎞
所要時間	1時間

激流ウルバンバ川に沿って進むハイラム・ビンガム号。　右上：空中都市マチュピチュ遺跡。右：ポロイ駅にて歓迎の音楽。

ハイラム・ビンガム号
インカ帝国へと誘うペルー一の豪華列車

世界遺産「マチュピチュ遺跡」は、ペルーの山岳地帯にあるインカ帝国の要塞都市で、断崖絶壁の山中にある。遺跡への玄関口は、かつてのインカ帝国の古都クスコだが、公共交通機関は鉄道のみ。アマゾン川の源流、ウルバンバ川が織りなす峡谷があまりにも険しく、道路は途中までしかないからだ。そのため、鉄道が唯一の交通手段なのである。

列車は、エコノミータイプや食事つきの豪華列車「ハイラム・ビンガム号」など3種が運行されている。「ハイラム・ビンガム号」専用の駅、クスコ・ポロイ駅を出発し、ウルバンバ川に沿って走ること約4時間。列車は駅もホームもない、土産物店の前で停車した。そこがマチュピチュ駅だった。待っていたバスに乗り換えて目もくらむような断崖絶壁の谷間を進んでいく。18個めへアピンカーブを曲がると、壮大なマチュピチュ空中都市が現れた。

DATA

運行区間 クスコ・ポロイ↔マチュ・ピチュ
運行距離 107km
運行状況 日曜を除く毎日、1日1往復
その他 エコノミーな「エクスペディション号」、眺望に優れた「ビスタドーム号」との3列車で運行

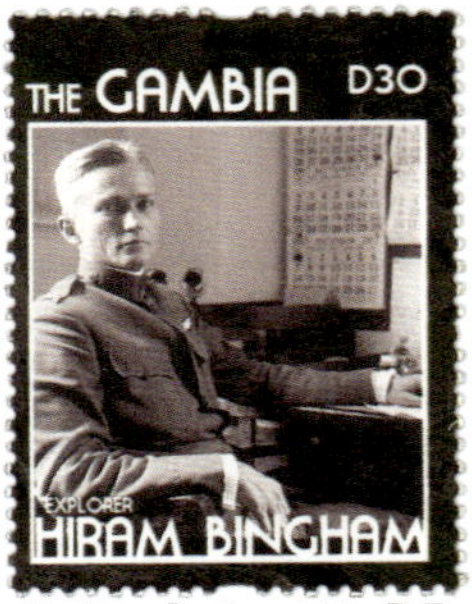

ガンビア　「マチュ・ピチュ発見100年」　2011年

世界最初の記念切手

RAILWAY Tea Break STAMP

1871年に南アメリカ最初の鉄道の20年記念として発行、世界最初の記念切手といわれる。

ペルー　「リマ・カヤオ・コリリョス間鉄道開通20年」　1871年

ラテンアメリカン ブラジルのSL

チラデンチスの蒸気機関車

南米大陸の中で面積、人口ともに最大、世界第5位という国がブラジルである。広大すぎるゆえと言ってもいいのか、鉄道は期待できない。中～長距離移動は航空機、短距離移動は路線バスが発達しているうえに、バスのほうが列車よりも速くて快適で安いのだ。

ブラジルの二大都市、リオ・デ・ジャネイロとサンパウロを結ぶ寝台列車に乗ろうと駅に行ってみれば寝台列車は走っていない。採算がとれず運休中だという。通勤電車以外でリオ・デ・ジャネイロ近郊で乗車できる鉄道を教えてもらった。それが、チラデンチスの蒸気機関車だった。

リオ・デ・ジャネイロから北に約300km、車で6時間近くもかかりたどり着いた。蒸気機関車はアメリカ、フィラデルフィア生まれのボールドウィン製テンホイラー型。軌間（線路幅）は1mのメーターゲージだ。18世紀に金鉱で栄えたミナス・ジェライス州をブラジル・スタイルの41号機関車は力走している。

ターンテーブルで方向転換するチラデンチスの蒸気機関車。

ブラジル 「蒸気機関車」 2002年

DATA

運行区間 サン・ジョアン・デル・レイ↔チラデンチス
運行距離 約13km
所要時間 35分
運行状況 金、土、日曜日
運賃 22レアル

ナウエル・パンへの急勾配を行く蒸気機関車。

オールド・パタゴニア急行

日本から最遠の地を走る「ミカド型」SL

日本から最も遠い国、アルゼンチンの首都ブエノスアイレスから最も遠いところを走っている鉄道が、「オールド・パタゴニア急行」である。ブエノスアイレスは成田空港から丸一日、「オールド・パタゴニア急行」が走るチュブット州へは国内線航空機で2時間以上、その上、レンタカーで300㎞も走ってようやく、乗車駅であり日本から最も離れた駅、エスケルに到着するのだ。

列車は、「オールド」を名乗っているのにふさわしい年代物の蒸気機関車牽引の客車列車である。機関車はドイツのヘンシェル製とアメリカのボールドウィン製だが、いずれも軸配置は1D1の「ミカド型」だ。ミカドとは、日本の天皇の意。1890年代、アメリカから日本に向けて設計した最初の1D1型につけられた愛称だ。アンティークな客車の外にはパンパ（大草原）が、山岳地帯が連綿と続く。

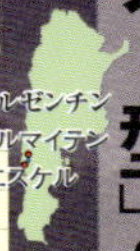

DATA

運行区間 エスケル⇔エルマイテン
運行距離 165km
運行状況 観光列車のため詳細は、公式ホームページで。 http://www.patagoniaexpress.com

アルゼンチン 「鉄道」 1997年

木の座席の簡素な車内の可愛いお客さん。

雪山を背後に望むパンパ（大草原）を力走するミカド形蒸気機関車。

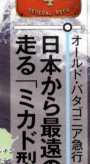

第6章 ヨーロッパの旅

スイスで一番人気の「氷河急行」のキッチンカー。

世界最初の地下鉄は1863年、ロンドンに開業した「メトロポリタン鉄道」である。現在はロンドン交通局（公営）だが、当時は私鉄で、なおかつ電気鉄道発明以前で、ホームも車内も煤煙もうもうたる蒸気機関車による地下鉄だった。にも拘わらず「ノースモーキング」の表示があったそうだ。電化されたのは1890年のこと。ただし、ロンドンの地下鉄は「チューブ」と呼ばれるように、トンネルの断面が半円形で小さく、

車両もそれに合わせてギリギリのサイズのため、屋根上にパンタグラフや架線が設置できず、3本目のレール「第3軌条」から電気を取り、4本目のレール「第4軌条」に電気を逃がした。つまり、ロンドンの地下鉄にはレールが4本あるというわけだ。

最新の路線も含めてロンドンの地下鉄は11路線、全長408kmに及ぶが、全路線が第4軌条というユニークな電化方式である。これまた伝統的な英国ならでは!?

サウス・ケンジントン駅に到着するロンドン地下鉄。愛称は「チューブ」。

メトロポリタン線（最初の路線）
世界最古「ロンドン地下鉄」に乗る

DATA

運行区間 アルドゲイト↔アマーシャム
運行開始年 1863年
運行状況 合計11路線、総延長約408km
その他 電化方式は世界でも珍しい第4軌条式を採用している。走行用レールの外側と中央にも集電用の路線がある

イギリス 「地下鉄150年」6種 201

マン島 「ダグラス馬車鉄道100年」 1976年

ダグラス馬車鉄道

マン島・1馬力の馬車鉄道に揺られて

マン島は、イングランドとアイルランドとの間にあるアイリッシュ海に浮かぶ淡路島ほどの大きさの島である。この島には、「ダグラス馬車鉄道」「マン島蒸気鉄道」「マンクス電気鉄道」「スネーフェル登山鉄道」の4つの公共鉄道があるが、どれもが1800年代につくられた当時のままの姿で残っている。まさに鉄道の宝島と言えるのだ。

「ダグラス馬車鉄道」が走っているのは、マン島の首都であり中心都市のダグラスだ。ダグラス湾に面した港町で、弓なりに弧を描く海岸通りは「プロムナード」と呼ばれる散歩道。この気持ちのいい道路の真ん中を、1馬力機関車がひずめの音を響かせて通っている。開業は1876年。かつて日本にも馬車鉄道が存在した。1882年に新橋〜銀座〜日本橋間に開業した「東京馬車鉄道」、のちの「都電」である。日本で忘れ去られた馬車鉄道も、ここでは現役だ。

DATA

運行区間 MERターミナル⇔ヴィクトリア・ピア
運行距離 約3.2km
運行開始年 1876年
運行状況 5月〜9月、午前9時から
その他 マン島へはリバプール港から高速船でダグラス港まで2時間30分

「間もなく発車します！」ダグラス馬車鉄道の機関車は正真正銘の１馬力。

マン島　「スネーフェル登山鉄道100年」　1995年

スネーフェル登山鉄道

マン島・登山電車の旅

DATA

運行区間
ラクシー⇔サミット
運行距離 8km
運行開始年
1895年
運行状況 5月～9月、ラクシー発10時15分から15時45分まで

巨大なビューゲルを上げて急勾配に挑むスネーフェル登山鉄道の登山電車。

「ダグラス馬車鉄道」同様、マン島を走る「スネーフェル登山鉄道」も19世紀当時の姿のままだ。どうしてだろうか。マン島は、13世紀から英国統治下にあるが、国王の直轄地として大幅な自治を認められ、独自の議会や法制などを持っている。それだけに長年にわたって英国の影響をまともに受けることなく、島ならではの孤高を守ってこられたといっていいのではないか。その代表例が鉄道にある。

「スネーフェル登山鉄道」は、マン島の最高峰スネーフェル山（標高621m）まで登る本格的な登山電車だ。起点のラクシー駅を発車した電車は、巨大なビューゲルを揺らしながら急勾配をグングン登っていく。山頂駅には30分ほどで到着。山頂からは四方に、イングランド、スコットランド、ウェールズ、アイルランド、そしてヘブン（天国）まで見えるという。素晴らしい！

PLATFORM 9¾

グレンフィナン橋
ハリー・ポッターゆかりの地をめぐる

ロンドン・キングズクロス駅は、スコットランド方面へのターミナルとして名高く、『ハリー・ポッター』の映画にはホグワーツ魔法魔術学校行きの「ホグワーツ・エクスプレス」の始発駅としても登場する。スコットランドを走るウエスト・ハイランド線のグレンフィナン橋は、世界最古のコンクリート製のアーチ橋で、第2話の『ハリー・ポッターと秘密の部屋』では、ハリーたちが列車に追われる、手に汗握るシーンがここで撮影された。

キングズクロス駅の9¾番線を発車した「ホグワーツ・エクスプレス」は、グレンフィナン橋を通過して、イングランド東北部のノース・ヨークシャー・ムーアズ鉄道のゴースランド駅に到着する。ゴースランド駅は、魔法魔術学校の最寄り駅である。

DATA

キングズクロス駅 ロンドンのターミナル。1852年開設。

グレンフィナン橋 全長380m、高さ30m、21連のアーチからなる。

ゴースランド駅 イングランド東北部のノース・ヨーク・ムーアズ国立公園内

イギリス 「グレンフィナン橋」 2003年

世界最古のコンクリート製アーチ橋「グレンフィナン橋」を行く蒸気機関車ジャコバイト号。

雪だるまがお出迎え。ミュールダール駅に停車中のベルゲン急行。

ノルウェー 「ベルゲン急行」 2009年

キングスクロス駅のプラットホーム9¾番線。

ベルゲン急行

スカンジナビア山脈を越えてフィヨルドへの旅

DATA

運行区間 オスロ↔ベルゲン
主な経由地 ミルダル
運行距離 489km
運行状況 オスロ発6本、ベルゲン発5本
その他 車内は天然木を使用しており、子供の遊び部屋もある

世界最古の旅行会社トーマスクック社（英国）の国際時刻表編集部が推薦する「ヨーロッパ鉄道シーニックルート」に毎年選ばれている風光明媚な路線、それがＮＳＢ（ノルウェー鉄道）の「ベルゲン急行」だ。ノルウェーの首都オスロから、第２の都市で世界遺産でもある港町、ベルゲンを結んでいる。

「ベルゲン急行」の魅力といえば、スカンジナビア山脈越えとフィヨルドだ。山脈の最高地点はフィンセ駅がある１２２２ｍ。さほどの標高ではないが、緯度が高いため日本の標高２０００ｍ以上に相当し、軽々と森林限界を越えている。７～８月以外は雪と氷の世界だ。「シグナチュール」と呼ばれる振り子式の列車で山脈を駆け下りれば、終着ベルゲンへの車窓に現れるのは、氷河が形づくったフィヨルドの景観。素晴らしく美しい。

運河に車体を映しながら田園地帯を快走するドッグノーズ。

オランダ 「鉄道125年」 1964年

ドッグ・ノーズ

還暦を過ぎても元気な「犬の鼻」

写真の黄色い列車は、NS（オランダ鉄道）の近郊型電車「ホンドコップ」。1954年デビューの、すでに還暦を過ぎた電車だ。しかし、現役バリバリで活躍している。日本の鉄道車両は20年定年、近年では10年で陳腐化し第一線を退くと言われる中にあって称賛に値する。車両のみならず、同じ行先の列車は毎時同一分に発着する今日のヨーロッパでは当たり前のシステムや、毎時ジャストタイムに発車する日本のL特急も、実はオランダ鉄道に学んだものだという。

ところで、「ホンドコップ」を英語にすると「ドッグ・ノーズ」、さしずめ「犬の鼻号」となるだろうか。事実、ボンネットの膨らみを犬の顔とすると、中央のヘッドライトが鼻、その下のテールライトが口、乗務員室の扉が垂れた耳を思わせる。愛嬌あるデザインが人気だ。いつまでも元気で活躍してほしい。

DATA

運行区間 アムステルダム↔デルフト
主な経由地 ユトレヒト
運行距離 68km
運行開始年 1954年
運行状況 30分に1本
その他 ユトレヒトには、オランダ最大の鉄道博物館がある

レーティッシュ鉄道

アルプス一の人気者 氷河急行の旅

スイスアルプスを走行する「氷河急行」は、日本人に最も親しまれている海外の列車といえるだろう。年間乗客数28万人中、日本人は8万人！ 日本人が乗らない日はないほどの人気列車だ。「氷河急行」の正式名は英語で「GLACIER EXPRESS」。運行を開始した1930年当時、ローヌ氷河に沿って走ることから命名されたのだが、現在は氷河を間近に望むことはできない。1982年に新フルカトンネルが開通し、ルートが変更されたからだ。列車名を変更しようという意見もあったが、半世紀以上も親しまれてきた人気列車だけに改称できなかったのである。

ローヌ氷河は見えなくなったものの、車窓からの風景は素晴らしい。牛や羊が草を食む緑豊かな牧場、ライン川やローヌ川が織りなす清流と渓谷美、教会の尖塔、頭上には山々。秀峰マッターホルンも姿を見せる。始発駅のサンモリッツから終点のツェルマットまで、ため息が出るような絶景を堪能できる。

DATA

運行区間 サンモリッツ↔ツェルマット
主な経由地 クール、アンデルレット、ブリークなど
運行距離 269km
運行状況 夏季（5月中旬〜10月中旬）1日3往復
冬季（10月下旬〜5月上旬）1日1往復
その他 2006年には、大きな連続窓ガラスが特徴の新型車両「プレミアム」（オール・パノラミック・ワーゲン）が登場

スイス「レーティッシュ鉄道100年」1989年

高さ65m、1902年竣工のランドヴァッサー橋を渡る氷河急行。足下の流れはライン川の支流。

ユングフラウ鉄道群

〝トップ・オブ・ヨーロッパ〟ユングフラウ・ヨッホ駅

標高3454m！　これが「トップ・オブ・ヨーロッパ」ヨーロッパの鉄道の最高地点ユングフラウ・ヨッホ駅の標高である。いったいどれほどの高さかと言えば、富士山（3776m）の9合目に相当する。それほどまでの高所に登山鉄道が開通したのは1912年のこ

DATA

運行区間 インターラーケン・オスト↔ユングフラウ・ヨッホなど
主な経由地 グリンデルワルト、ラウターブルンネン
全線開通年 1912年
運行状況 30〜60分に1本。乗客が多い時は臨時便が出る。
その他 ユングフラウ・ヨッホ駅に行く人は高山病に注意。また、真夏でも防寒具が必要

スイス　「ユングフラウ・ヨッホ駅50年」1962年

RAILWAY Tea Break STAMP

スイス鉄道を描く日本切手

「日本・スイス国交150年」にはユングフラウ鉄道（下）、レーティッシュ鉄道（114ページ）が描かれている。

日本「日本・スイス国交樹立150年」2014年

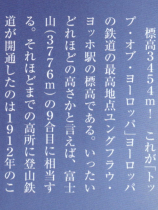

と。すでに105年の歳月が経過しているのだ。

ユングフラウ・ヨッホ駅への玄関はインターラーケン・オスト駅。BOB鉄道、WAB鉄道と二つの登山鉄道を乗り継いでおよそ1時間後、標高2061mのクライネシャイデック駅に到着となる。アイガー、メンヒ、ユングフラウの三山を一望する駅である。

ここからは最終ランナーのJB（ユングフラウ鉄道）がご案内。アイガーグレッチャー、アイガーヴァント、アイスメール駅に停車しつつ、50分ほどでついにユングフラウ・ヨッホ駅に到着。スフィンクス展望台からは、目の前に標高4158mのユングフラウ（乙女）山が！

↑標高3454mのユングフラウヨッホ駅に到着したジャパンデー登山電車。
→左からアイガー、メンヒ、ユングフラウを仰ぎながら登山電車は走る。

シャーフベルク鉄道

エーデルワイスの調べにのって

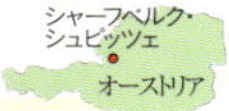

DATA

運行区間　ザンクト・ヴォルフガング↔シャーフベルク・シュピッツェ
運行距離 5.8km
運行状況　4月下旬〜10月中旬、ほぼ30分間隔
その他 ザルツブルクから始発駅のザンクト・ヴォルフガングまでは、路線バスと連絡船でおよそ2時間

オーストリアのザルツブルクは、音楽の都としても名高い。モーツァルトやカラヤンなどの偉大な音楽家を輩出し、国際音楽祭も開かれる。このザルツブルクを舞台にしたミュージカル映画が『サウンド・オブ・ミュージック』だ。ジュリー・アンドリュース扮する主人公マリアがいたノンベルク修道院や、子どもたちと「ドレミの歌」を歌ったミラベル庭園、トラップ一家がスイスに逃亡する際、墓石の陰に隠れた聖ペーター僧院教会など、映画のロケ地が当時のまま残されている。

　そして、マリアと子どもたちがハイキングに行くシーンで乗車した蒸気機関車が、「シャーフベルク鉄道」だ。アプト式＊登山鉄道で、シャーフベルク山の山頂にある終点、シャーフベルク・シュピッツェまで登っていく。標高は1782m。頂上からは、映画のオープニングシーンに登場した、ザルツカンマーグートの雄大で美しい風景が広がる。

オーストリア「シャーフベルク鉄道100年」1993年

＊**アプト式鉄道**　急勾配の鉄道線路で列車が滑らないよう、レールの中央に歯車でかみ合う軌条を取り付けた方式。

↑登山鉄道では機関車は後部から推進運転。↓急勾配を上るシャーフベルク鉄道新型SL。

carris

リスボンのエレヴァドール

グロリア線（最初の路線）

DATA

運行距離 グロリア線265m、ビッカ線245m、ラヴラ線180m
運行開始年 1885年
運行状況 グロリア線の乗り場はロシオ駅近く、市内中心部を走る。3路線とも朝7時から深夜0時30分まで

高いパンタグラフが特徴のビッカ線ケーブルカー。

ポルトガル「リスボンのビッカ線／ラヴラ線」2010年

ポルトガルの首都リスボンは「7つの丘の街《セッテ・コリーナシュ》」と呼ばれることからわかるように、丘の上に街が広がっている。当然、坂道が多く移動するのはひと苦労だ。そんな時に威力を発揮するのが、「エレクトリコ（路面電車）」と「エレヴァドール（ケーブルカー）」である。いずれもリスボン交通局の運営で、チケットも共通。「エレクトリコ」は5系統あって全長48km、急勾配を力強く上っていくが、さらに急な坂道を登るのが「エレヴァドール」だ。

「エレヴァドール」は、グロリア線、ラヴラ線、ビッカ線の3路線。切手でもわかるように、2丁のパンタグラフが左か右にオフセットされていることもユニークだ。初期の三相交流電化方式のため2丁パンタになったという。小さなパンタグラフを目一杯高く掲げながら急坂を上り下りしている姿は一生懸命で、なんともかわいらしい。

シベリア鉄道

世界最長 トランス サイベリアン鉄道

ロシア 「シベリア鉄道100年」 2002年

DATA
運行区間 モスクワ↔ウラジオストク
主な経由地 ハバロフスク
運行距離 9297km
運行開始年 1916年（現ルート）
運行状況 ロシア号1日1往復
その他 鉄道施設などの撮影は要注意

定員4名のハードクラス寝台で旅行中のファミリー。

ロシア 「ロシアの風景」 2007年

世界最長の鉄道であるシベリア鉄道。その長さは9297㎞と、北海道最北の稚内駅から九州南西端の枕崎駅間（約3100㎞）を1往復半するほどの距離に値する。その全区間を走破するのが特急列車「ロシア号」である。所要時間は約150時間、車中6泊7日。来る日も来る日も列車の中、寝ても覚めても列車の中という生活が1週間続くのだ。

始発駅ウラジオストクを発車した「ロシア号」は沿海州を北上し、翌朝ハバロフスク駅に停車する。しばらく行って渡河するのが、切手に描かれているアムール川鉄橋だ。それ以降は進路を西に取り、タイガ（針葉樹林）の中をひたすら走り続ける。そんな中、最も新鮮な気分にさせてくれる車窓風景が、世界遺産バイカル湖だ。ウラジオストクを発って4日目の朝、進行方向右側に現れる。世界一の深さと透明度を誇り、広さも琵琶湖の約46倍、3万1500㎢と広大だ。

バイカル湖が見えなくなると、シベリアのパリと謳われるイルクーツクに到着。ウラル山脈を越え、モスクワ・ヤロスラブリ駅へ。長旅の終わり、終着の地だ。

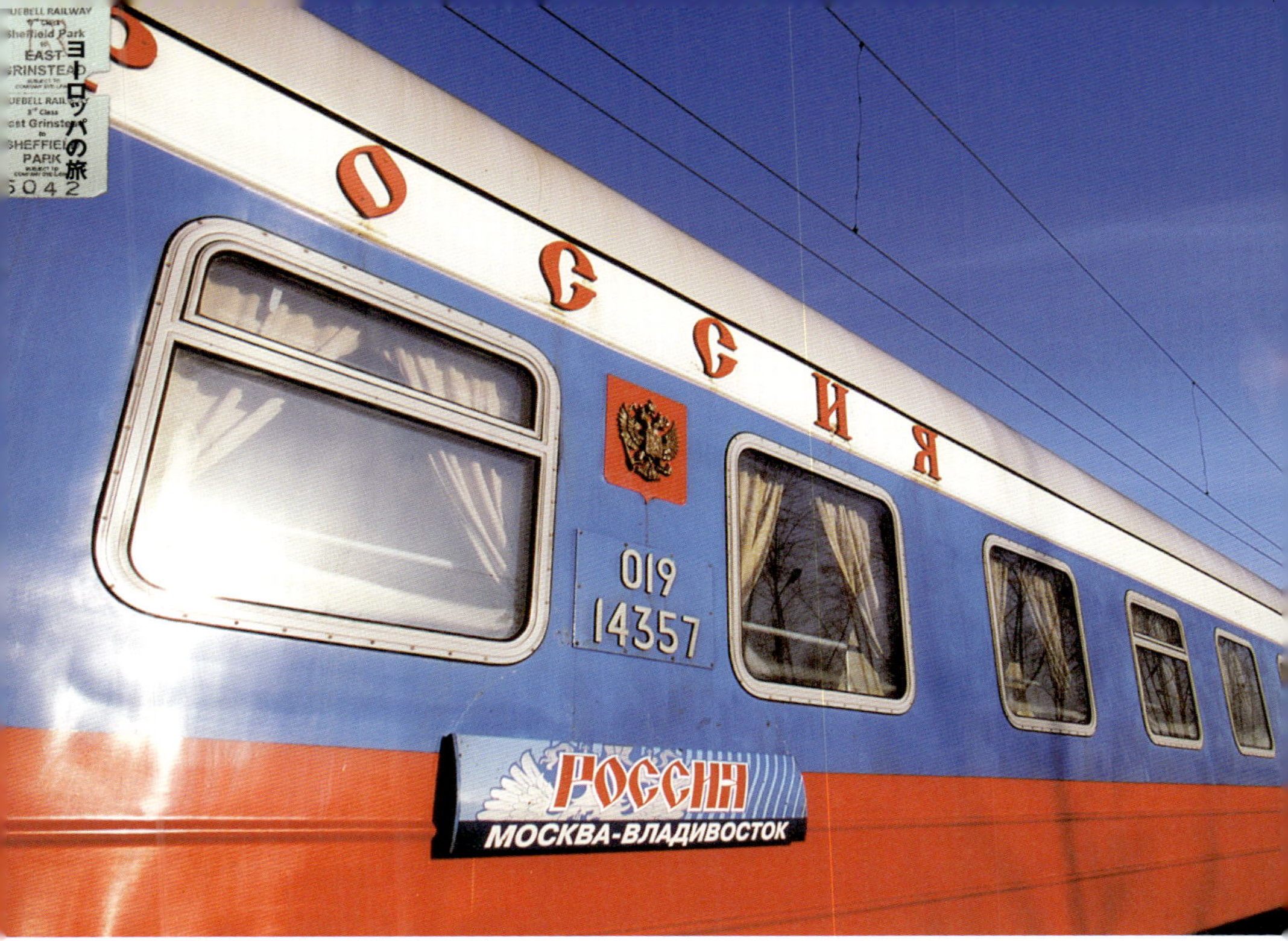

ロシア号の車体はロシア国旗の白、青、赤の３色。

ウラジオストクを発ち4日目に現れたバイカル湖。

RAILWAY Tea Break STAMP

もう二度と乗りたくない？ シベリア鉄道の誘惑

世界最長の「シベリア鉄道」には、これまで2度乗っている。1回目は1993年9月。初めて乗ったシベリア鉄道の旅は難行苦行だった。まず食糧がない。食堂車はあってもメニューは4品のみ。来る日も来る日も同じ粗末なメニューで満腹には程遠い量だった。次いでトイレットペーパーがない。初日はあったが終わってしまえばそれきり。補充されることはなく、持参のティッシュを大切に使った。24年前のロシアは食糧不足、物不足だったのである。さらに1週間、シャワーなしというのは苦痛以外の何ものでもなかった。

それから11年後の2004年、シベリア鉄道は一生に一度で充分だと思っていた私だが、またふつふつと乗りたくなってきた。怖いもの見たさというわけだが、11年も経つと苦痛は忘れてしまうものらしい。ということで、再びウラジオストクから「ロシア号」に乗車した。ただし今回は、ウラジオストクからイルクーツクまでの3泊4日である。

ロシア人形マトリョーシカに描かれたソ連～ロシアの政治家。

11年ぶりの「ロシア号」は、ずいぶん快適になっていた。まず食事がちゃんとある。それもかなりのご馳走で、4日間、堪能した。トイレットペーパーだって日本製のように柔らかくはないが無くなることはなかった。ただしシャワーだけは今もない。

シベリア鉄道モスクワのターミナル、ヤロスラブリ駅。

ずいぶん快適になったわけだが、11年前にはなかったことが起こった。鉄道施設の撮影禁止である。ウラジオストク発車の時点から、妙に警察官が多く嫌な雰囲気だなと思っていたが、乗車2日目、オブルチェ駅にて、ついに捕まってしまった。軍事施設でも何でもない田舎駅である。駅舎を撮っただけで、ポリスは私の腕をつかみ、カメラからフィルムを抜けと言う。私は迷ったが、抵抗すれば、逮捕されるかもしれない。仕方なく、カメラの裏蓋を開ける。フィルムは白日の元にさらされ、警官は誇らしげにフィルムを奪い取った。

それから10年後の2014年、モスクワの駅には禁煙サインよりも大きな「禁カメラ」マークが登場した。さらに、サンクト・ペテルブルクのモスクワ駅では、列車を撮影していた日本人観光客が警官に保存メディアを没収された。フィルム1本なら36枚で済むが、メディアとなると1000枚以上？　大容量のメディアにはご用心！

シベリア鉄道の極東のターミナル、ウラジオストク駅。

第7章 ヨーロッパの世界遺産

世界遺産セメリング鉄道、カール・リッター・フォン・ゲーガ技師のレリーフ。

セメリング鉄道

初のアルプス越えに成功 鉄道の世界遺産第一号

1998年、鉄道の世界遺産登録第一号の栄誉に輝いたのが、オーストリアの「セメリング鉄道」である。場所は首都ウィーンの南西およそ100㎞に立ちはだかるフィッシュバッハ・アルプスの山中で、登録事由は「初のアルプス越えに成功した鉄道」にあった。

開通は今から163年も前、イギリスで鉄道が実用化されてからまだ間もない鉄道草創期の1854年のこと。誰しもが列車がアルプスを越えることなど絶対不可能と信じて疑わない時代だった。果敢にもそれに挑戦したのがイタリア人土木技師カール・リッター・フオン・ゲーガであった。

ゲーガは、急勾配を緩やかにするS字カーブや列車がぐるりと一回転してしまうかのようなΩループ、さらに古代ローマ遺跡を思わせる17のアーチ橋、15のトンネルなど、当時

DATA

運行区間 グロッグニッツ↔ミュルツツーシュラーク
主な経由地 セメリング
運行距離 41.8km
運行開始年 1854年
その他 最高地点・標高898m。セメリング駅停車はローカル列車に限られる

世界遺産セメリング鉄道のカルテリンネ橋を走行するオーストリア鉄道のシティシャトル。

オーストリア「世界遺産・セメリング鉄道」2001年

としては画期的な工法を用い、6年の歳月をかけてついにセメリング鉄道を完成させた。

ウィーン中央駅を発車した列車は、およそ1時間後、セメリング鉄道に差しかかる。山間を縫うようにしてやがてセメリング駅に到着した。山峡の駅に降り立てば、今から163年前、労苦の末にこの鉄道を開通に導いたカール・リッター・フォン・ゲーガのモニュメントが迎えてくれた。

オーストリア「鉄道技師カール・リッター・フォン・ゲーガ誕生210年」2012年

世界遺産のモニュメントがあるセメリング駅。

フランツ・フォン・アッシジ教会をバックに走るUバーン。

オーストリア「ウィーン地下鉄」1978年

ウィーンUバーン

ウィーン歴史地区の探訪に便利な地下鉄

オーストリアの首都ウィーンの歴史地区の探訪に便利な公共交通は？ 今回はUバーンをお勧めしよう。「わざわざ地下鉄で？」と思われた方もいるかもしれないが、ウィーンの地下鉄は地上区間もかなり多い。上の写真はウィーン市内を走るUバーン1号線。ドナウ運河の鉄橋を渡り終えると、この先は終点まで高架橋を走行する。景色が存分に楽しめるのである。

ハプスブルク家の夏の離宮シェーンブルン宮殿へは、Uバーン4号線でシェーンブルン駅が最寄り駅。ウィーン旧市街のランドマーク、シュテファン寺院は1号線と3号線が交差するシュテファンスプラッツ駅で下車。国立歌劇場へは、Uバーン1、2、4号線が集まるカールスプラッツ駅が最寄り駅となる。ちなみに、乗車券1枚でUバーン、トラム、バス、ウィーン市内のSバーン（オーストリア国鉄）まで乗車できるので、利用価値大である。

国立歌劇場前を行くウィーンの連接トラム。

DATA

運行開始年
1978年（U1号線）
運行距離 78.5km
その他 チケットは地下鉄Uバーン、バス、トラム、Sバーンで共通。24,48,72時間券もある

オペラ駅停車中のブダペスト地下鉄M1号線。2002年世界遺産に登録。

地下鉄の世界遺産は世界で唯一

ブダペスト地下鉄（M1号線）

ハンガリー「ブダペスト定期交通機関150年記念」1982年

ハンガリー「ブダペスト地下鉄100年」1996年

DATA

運行距離
約38km（1〜4号線）
その他 チケットは地下鉄、トラム、バス、近郊列車（HEV）などと共通。2014年に4号線が開通

ハンガリーの首都ブダペストの地下鉄開業は、1896年。ハンガリー建国1000年を記念してつくられた。ロンドンに次いで世界で2番目に古いが、煤煙を上げる蒸気機関車の地下鉄だったロンドンに比べ、初めから電気鉄道で開業。時代の最先端をいく地下鉄だったのである。2002年、ブダペストの世界遺産として「アンドラーシ通りとその地下」が登録されたが、この通りの地下を走っているのが、ブダペスト地下鉄1号線。世界唯一の地下鉄の世界遺産なのである。

1号線の運行区間は、ヴィルシュマルティ広場駅からメキシコ通り駅までの約5km、所要時間は11分。地下鉄入口から階段を下りればすぐにホームに着くほど浅く、太陽光が差し込んでいる。理由は、トンネルを掘ったのではなく、道路を掘り下げて地下鉄を通しフタをしたから。車体も小柄だ。

TMBバルセロナの地下ケーブルカー「フニクラ」。

スペイン「バルセロナ地下鉄75年」1999年

世界遺産グエル公園の「世界一長いベンチ」。モザイクはガウディの弟子ジョルジョールの作品。

アントニ・ガウディの代表作サグラダ・ファミリア聖堂。

TMB

バルセロナ地下鉄
サグラダ・ファミリアは地下鉄2号線、5号線

スペイン、カルターニャ地方の都バルセロナといえば、何と言っても天才建築家、アントニ・ガウディではないだろうか。動植物などからヒントを得た建築デザインは世界遺産の中でも異彩を放ち、多くの旅行者を惹きつけてやまない。

市内に点在する彼の作品鑑賞には、バルセロナ・メトロを利用するのが便利である。「サグラダ・ファミリア聖堂」は地下鉄2号線、5号線のサグラダ・ファミリア駅で下車。

バルセロナの街が一望できる「グエル公園」は地下鉄3号線バイカルカ駅、「グエル邸」は地下鉄3号線リセウ駅が最寄り駅だ。「カサ・ミラ」は地下鉄3号線のディアゴナル駅で下車しよう。

地下鉄が開業したのは1924年。当初は、レセップス～カタルーニャ間（現在の3号線）のわずか3㎞だったが、現在は11路線、全長158㎞の営業キロまで成長し、今日ではTMB（バルセロナ都市交通）として一元化されている。

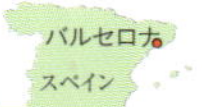

DATA

運行開始年 1924年12月（3号線）
運行距離 11路線で158㎞

切手は、ワインで有名なフランス・ボルドーのガロンヌ川に架かるピエール橋と2003年に開業したボルドーのLRT*(ライト・レール・トランジット)である。私は、この切手に違和感を覚えた。LRTにつきものの架線やパンタグラフがない。聞けば、ボルドーのLRTは架線がない最新システムだという。どこから電気を取る? そんな疑問を解決すべく、一路、ボルドーへ。

ボルドー・サンジャン駅前を走っているLRTには、架線もあればパンタグラフもついている。ところが、である。LRTが駅を発車して10分ほど、市内中心部の歴史地区に入るとやおらパンタグラフを折り畳み、架線のない道路を走り出したのだ。2本のレール間にセラミックのような溝があって、そこから電気を取っているのだそう。世界遺産都市にふさわしい、景観にも人間にも優しいLRTである。

*LRT 次世代型路面電車システム。

Le Tram

ボルドーLRT

架線のない路面電車でボルドー歴史地区

フランス「観光シリーズ/ボルドー」2004年

DATA

運行開始年 2003年12月
運行距離 約50km
その他 架線のない区間では車両の下、レール間の給電線から電気を取る「第三軌条方式」を採用

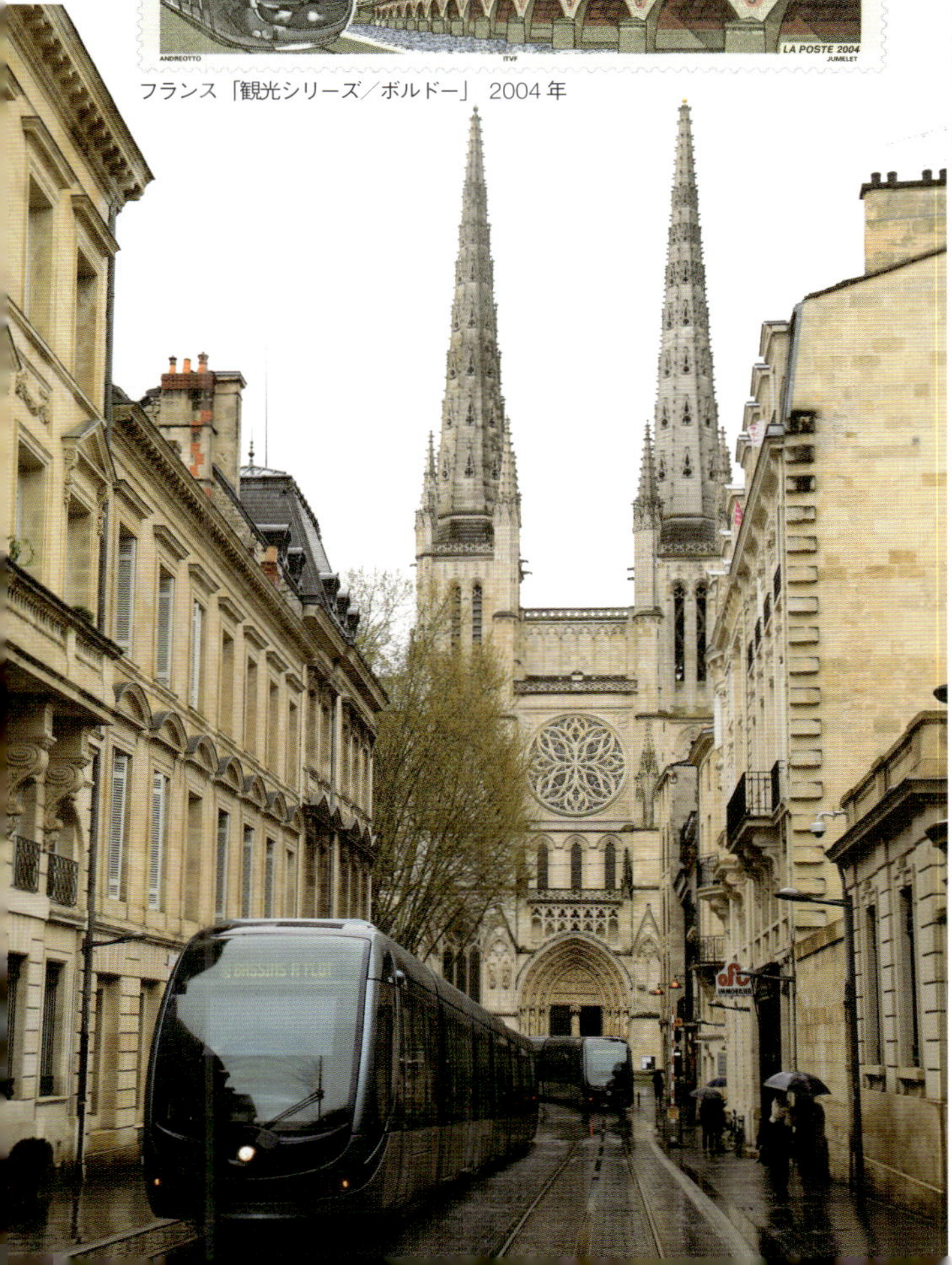
都心部には架線がなくパンタグラフを下ろして走行するボルドーのLRT。

軍艦も停泊するボルドーのガロンヌ川河川港。

チェコ スロバキア「路面電車」1986 年

↓百塔の街プラハを行く路面電車タトラカー。

プラハ市電
百塔の街を行くタトラカー

　中世の街並みが美しい、「百塔の街」と呼ばれるチェコの首都プラハ。ここを代表する公共交通機関は、何と言ってもトラム（路面電車）である。人口約120万人のプラハの街に、35系統、全長141kmのトラム路線が張り巡らされ、しかも都心部の9系統は終夜運行とすこぶる便利。トラムを利用すれば、ほとんどの世界遺産へアプローチが可能だ。

　クリーム色と赤のツートンカラーの車両は、社会主義国だった1960年代にチェコで製造された「タトラカー」である。旧ソ連や東ヨーロッパ各国に、1万4000台の多くを輸出したベストセラー・トラムだ。一方、シルバーカラーのトラムは、2006年登場の新型で、デザインはドイツのスポーツカー、ポルシェのチームが担当した。なるほど、カッコいい。プラハは、様々なカラーのトラムがひっきりなしに走る、市電の街でもある。

DATA

運行距離 35系統で約141km

その他 チケットは地下鉄、トラム、バスと共通。30,90分券、24時間券もある

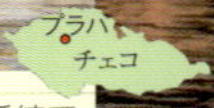

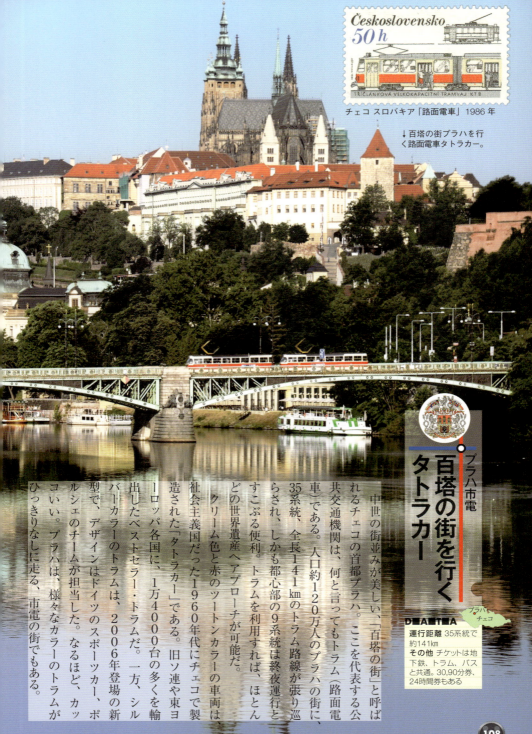

リトアニア鉄道

ヴィリニュスと空港を結ぶ1両編成

DATA
運行開始年 2008年
その他 ヴィリニュス⇔カナウス間は1時間に1本前後運行、所要時間は1時間5分

首都ヴィリニュスと空港を結ぶ新型ディーゼルカー。

バルト三国のひとつ、リトアニアの首都ヴィリニュスの国際空港に降り立った。空港のそばにある無人駅で、ヴィリニュス行きのエアポート特急が待っていた。わずか1両のこじんまりとした編成だ。最大12両編成の「成田エクスプレス」を見慣れているだけに、え？と思うのだが、リトアニアの総人口は約300万人、最大の都市ヴィリニュスが約55万人とあっては、1両編成で十分というわけだ。空港駅からヴィリニュス中央駅まではわずか7分、運賃も0・66ユーロ（約83円）と安い。

ヴィリニュス中央駅で下車し、駅前通りを500mほど進むと「夜明けの門」にぶつかる。夜明けの門は、かつての城壁の一部で、城壁内部が旧市街。ヴィリニュス歴史地区として旧市街の約3・6㎢が1994年、世界遺産に登録された。

切手の列車は、首都ヴィリニュスと古都カウナスなどを結んでいる、新型ダブルデッカー*車両。

リトアニア「リトアニアの鉄道150年」2009年

世界遺産ヴィリニュス歴史地区に建つ大聖堂。

＊ダブルデッカー 2階建て車両。

ダウガヴァ川鉄橋を渡るラトビア鉄道の列車。

ラトビア「鉄道橋」2012 年

聖ペテロ教会の尖塔から俯瞰した世界遺産リガ歴史地区。

ラトビア鉄道

リガで製造の車両は今も東欧で活躍中

バルト三国の真ん中に位置するラトビアは、旧ソ連時代、生産力も生活水準も最も高く、首都のリガは20世紀までは、モスクワ、サンクト・ペテルブルグに次いでロシア第3の大都市であった。高い工業力を活用し、リガの鉄道工場では多数の電車や気動車を製造。ソ連や東欧各国に輸出され、ラトビア国内はもとより、ロシアや東欧各国では今でも活躍している。切手に描かれた鉄橋を渡るカラフルな列車はＬＤＺ（ラトビア鉄道）の近郊型電車で、旧ソ連時代にリガの鉄道工場で製造されたＲＶＲ社製車両である。

上の写真に写っているのは、リガ市内を流れるダウガヴァ川。通過中の列車は切手と同形だ。鉄橋の右手が首都リガの中心部で、世界遺産に登録された中世の建物が残る旧市街と、18世紀以降に築かれたユーゲントシュティール建築が軒を連ねる新市街が広がる。

DATA

運行区間 リガ⇔サンクト・ペテルブルグ
運行距離 約570㎞
所要時間 13時間
その他 リガ市街の移動は全9路線、全長182㎞の「リガ市電」を使用

グレート・ベルト鉄道

デンマークの風景を変えた架橋とトンネル

ユトランド半島と多数の島からなるデンマークでは、どこに行くにも船で海峡を越えなければならず、鉄道連絡船での列車航送が日常であった。しかし近年、海底トンネルや海峡架橋が相次いで完成し、列車がフェリーに乗って海を越える風物詩も昔話となりつつある。

「グレート・ベルト鉄道」もそのひとつ。1997年に海底トンネル（全長8024m）と海峡架橋（6611m）でシェラン島とフュン島が結ばれ、1980年に開通していたリトル・ベルト鉄道を介してヨーロッパ大陸との直通運転が可能となった。2000年には、世界遺産「クロンボー城」の目前にある、エーレスンド海峡にも海底トンネル（全長3750m）と海峡架橋（7850m）からなる「エーレスンド海峡連絡鉄道&道路」が完成、鉄道フェリーの列車航送は廃止された。だが、航路としての海峡フェリーは健在。

デンマーク「グレート・ベルト鉄道」 1997 年

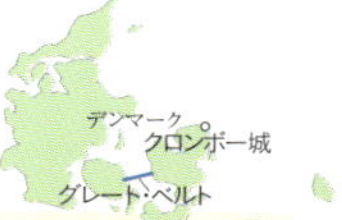

D■A■T■A

運行区間 コペンハーゲン中央⇔ヘルシンオア
運行距離 46㎞
所要時間 44分
その他 両駅間は1時間に1〜3本運行。ヘルシンオア駅からクロンボー城へは徒歩15分程度

←コペンハーゲン中央駅を発車するインターシティ。ゴム製連結幌が印象的。
↓シェークスピアゆかりの世界遺産クロンボー城。対岸はスウェーデン。

ノルウェー第二の都市ベルゲンは坂の町である。それゆえ、市民や観光客に親しまれているのが、フロイエン山ケーブルカーだ。開業は1918年。その間に車両は何度かモデルチェンジしているが、切手の車両は1974年から2002年まで活躍した第3世代。写真は現在運行中の第4世代である。

ケーブルカーで坂道を登っていけば、眼下にはベルゲン港と市街地が見えてくる。港の一角に、カラフルな三角屋根の木造家屋や倉庫が寄り添うように立ち並んでいる。世界遺産のブリッゲン地区だ。ベルゲンは、1070年にオラフ3世によって港町が建設され、12世紀にはノルウェー初の首都となった。16世紀半ばまでハンザ商人による交易で北欧では最大、ヨーロッパでも屈指の商都として繁栄を極めた。当時の面影を色濃く残しているのがブリッゲンなのだ。

FLOIBANEN

フロイエン山ケーブルカー

ケーブルカーの眼下にブリッゲン

DATA

運行距離 844m
所要時間 5〜8分
その他 定員80名、最大斜度26度のケーブルカー。下りは徒歩約45分（3km）で市街に戻れる

港町ベルゲンを眼下にフロイエン山を目指すケーブルカー。

ノルウェー「ノルウェーの風景」1994年

マウント・ニーセン（2362m）をバックにBLSの新型ダブルデッカーが快走。

スイス「ベルン・レッチベルク・シンプロン鉄道100年」2006年

bls

BLS鉄道

BLSとSBBが交差する街ベルン

スイス最大の私鉄BLS鉄道は、スイスを南北に結んでいる。BLSとは、ベルン、レッチベルク、シンプロンの頭文字だ。ベルンはスイスの首都ベルンを擁するベルン州のことで、レッチベルクとシンプロンは峠の名前。アルプスに立ちはだかる両峠を長大なトンネルで貫いている幹線鉄道がBLSである。シンプロントンネルは全長19・8㎞で1905年に開通。レッチベルクトンネルは、1913年開通で14・6㎞。さらに2007年には全長34・6㎞のレッチベルク・ベーストンネルが完成している。

切手に描かれたウグイス色の列車は、BLSの120形電気機関車。SBB（スイス国鉄）の客車を牽引して、レッチベルク峠のカンデルシュテーク付近の急勾配を快調に飛ばすスピード感あふれる図案だ。

BLSとSBBのジャンクションがベルン駅。世界遺産のベルン旧市街は、爆撃や戦火にさらされることなく、中世の街並みを今日に伝えている。ベルン駅から旧市街は徒歩圏内である。

中世の家並みが残る世界遺産ベルンのクラム通り。

DATA

運行区間
ベルン↔ブリーク
所要時間
1時間44分
その他 レッチベルク・ベーストンネルは1999年に建設開始、開通により30分の短縮が実現した

ベルニナ急行

レーティッシュ鉄道 世界遺産の眺望

2008年に世界遺産に登録されたのがスイスの東部を走る「レーティッシュ鉄道」アルブラ線／ベルニナ線である。お薦めの列車は、アルブラ線とベルニナ線を直通運転する「ベルニナ急行」ティラノ行き。編成は1等車2両、2等車4両の6両編成で、車両は1、2等とも眺望抜群のパノラミックカーである。

始発駅クールを発って30分、トゥジィズ駅を過ぎると、いよいよこの先が世界遺産区間。同時に険しい峡谷に分け入った。足下の急流はライン川の支流アルブーラ川。やがてその峡谷を一跨ぎするランドヴァッサー橋を通過する。

スイス　クール　サンモリッツ　ティラノ　イタリア

DATA

運行区間 クール↔ティラノ
主な経由地 サンモリッツ
運行距離 144km
運行状況 1日1往復
その他 サンモリッツ～ティラノは夏季（5月中旬～10月中旬）1日3往復、冬季（10月下旬～5月上旬）1日1往復

日本「日本・スイス国交樹立150周年」2014年

イタリア「アルブラ線／ベルニナ線」2010年
※ランドヴァッサー橋は「氷河急行」（93ページ）でも紹介。

氷河湖ラーゴ・ビアンコ湖畔を行くベルニナ急行。背後にはカンブレナ氷河が迫る。2008年世界遺産登録。

1902年に完成した高さ65mの石造り6連アーチ橋だ。

ハイライト区間は続く。ベルギュン〜プレダ間では列車が4回転するスパイラル線と、二つのΩループによって416mの高度差を駆け上がる。プレダからは全長5865mのアルブーラトンネルで峠を一気に越える。トンネルを抜けるとそこはエンガディン地方。スイスの4番目の公用語ロマンシュ語が息づく地方でもある。

エンガディン地方の中心サンモリッツから先はベルニナ線。標高は2000mを越え、進行方向右側にはモルテラッチュ氷河が現れる。その頭上に聳えるのが、「ベルニナ急行」の列車名の由来となった、ピッツ・ベルニナ山(4049m)。さらに、氷河湖ラーゴ・ビアンコ、カンブレナ氷河、パリュー氷河など、絶景は終着駅ティラノまで続く。

スイス「山岳交通機関」1949年

RAILWAY Tea Break STAMP

氷河急行に乗って思うこと EXPRESSの正しい訳は?

スイスで一番有名かつ人気の高い列車といえば、正式名は英語で「GLACIER EXPRESS」。日本語では「氷河急行」だが、車窓から氷河を間近に望むことは叶わない。では、なぜ、「氷河急行」と命名されたのだろう? その答えは、1930年に「氷河急行」が誕生した当時は車窓よりバッチリ、ローヌ氷河を望むことができたからだ。

その区間とは、ムットバッハ・ベルヴェテーレ〜グレッチ間である。ただし、今日の「氷河急行」の時刻表をいくら捜しても、この駅名は見出せない。なぜなら今日の「氷河急行」はこの区間を全長約15kmの新フルカトンネルで通過してしまうからだ。

かつての「氷河急行」は、夏季のみ運行の季節列車だった。旧フルカ峠線は名にしおう豪雪地帯で冬季は運休せざるを得なかったのだ。そこで1982年に新フルカトンネルが開通したというわけだが、「氷河急行」は通年運行できるようになった代わりに、車窓からはローヌ氷河が消えたのである。

氷河が見えなくなってしまった「氷河急行」に対して、スイスの人たちからも「氷河急行の名を返上すべきでは?」という声もあったようだが、それはさておき、車窓から氷河を間近に望むことができる列車が「ベルニナ急行」である。レーティッシュ鉄道ベルニナ線内にて、モルテラッチュ氷河、カンブレナ氷河、パリュー氷河の3大氷河を間近に眺めることができる上、カンブレナ氷河の足下には氷河湖ラーゴ・ビアンコも広がるのだ。

ところで、「氷河急行」「ベルニナ急行」だが、日本の旅行会社では、「氷河特急」「ベルニナ特急」と表記するケースがほとんどである。これについては、日本のJRにも責任があると言えよう。今やJRに急行列車はほとんどなく、普通列車(各駅停車と快速)以外は、すべて特急なのだ。特急とは、言うまでもなく「特別急行」の意であり、普通急行がない以上、特別とは言えないはずなのだが。

ともあれ、固有名詞の「GLACIER EXPRESS」と「BERNINA EXPRESS」を「特急」と訳すのは、間違いなのでは?

上:「氷河急行」に描かれた「GLACIER EXPRESS」のロゴ。「特急」の表記はない。下:マッターホルン・ゴッタルド鉄道と富士急行とは姉妹鉄道。

第8章

いにしえの旅

英国ブルーベル鉄道の蒸気機関車65号機エンブレム。

時速203km！ 世界最速の蒸気機関車
マラード号。国立鉄道博物館ヨークにて。

イギリス 「フライング・スコッツマン号」 1985年

国立鉄道博物館ヨーク
鉄道の栄光の歴史をたどる

DATA

所在地 イングランド東北部ノース・ヨークシャー県ヨーク市イギリス・ヨーク駅に隣接
主要展示品 ロイヤルトレイン、マラード号、オリエント急行の車両など世界最大規模
開館 1975年

英国きっての歴史的かつ伝統的列車といえば、イングランドの都ロンドンと、スコットランドの都エディンバラを結ぶ、その名も「フライング・スコッツマン号」で間違いないだろう。なぜなら、1862年に誕生してから今日に至るまで、ロンドン・キングズクロス駅、午前10時ちょうどの発車を守り続けてきたからだ。第二次世界大戦中も1日も休むことなく。

切手に描かれているのは、蒸気機関車時代の「フライング・スコッツマン号」だ。名門「フライング・スコッツマン号」の先頭には、その時代最新鋭の高性能機関車が立ってきた。切手の機関車は流線型のクラスA4形であり、世界最大の呼び声も高い「国立鉄道博物館ヨーク」に動態保存されている。それが写真の№4468マラード号だ。1938年、203km／hの世界最高速を記録した機関車である。美しい。

ちなみに、博物館には、クラスA4形以前のクラスA3形№4472も保存されている。

日本の新幹線0系も展示される国立鉄道博物館。背後にマラード号。

ペイントン&ダートマス蒸気鉄道

今日も走り続ける GWR《グレート・ウエスタン・レイルウェイ》の蒸気機関車

DATA
運行区間 ペイントン↔キングズウェア
運行距離 11.2km
運行年 1859年～1972年※現在は保存鉄道として、運行中。
運行状況 1日4往復（閑散期） ～9往復（繁忙期）

イギリス 「コーニッシュ・リビエラ号」 1985年

ペイントン&ダートマス鉄道のチーフ・コンダクター（車掌長）。

保存鉄道「ペイントン&ダートマス蒸気鉄道」が走るのは、イングランド西部のコーニッシュ・リビエラ地方だ。ミステリーの女王、アガサ・クリスティの故郷でもある。

鉄道創世期の英国では、大多数の鉄道が軌間１４３５㎜の標準軌であったが、それに真っ向から対抗して軌間２１４０㎜の広軌鉄道を建設したのが、ＧＷＲ（グレート・ウエスタン・レイルウェイ）の技師長ブルネルだった。

広軌ゆえ車体も大きい。大きければ乗り心地も良くスピードも出せる。だが、標準軌鉄道と直通できないため、英国政府は広軌鉄道建設禁止令を出した。結果、ＧＷＲはスケールダウンを余儀なくされたのである。そんな広軌鉄道が走っていたのが、「ペイントン&ダートマス蒸気鉄道」のルート。ＧＷＲ時代の蒸気機関車は、青い空と紺碧の海が眩しい、リビエラ海岸を今日も駆け抜けている。

コーニッシュ・リビエラ海岸を力走するグレート・ウエスタン鉄道の蒸気機関車。

キングズコート信号場にてタブレット（通票）の授受。

初夏のブルーベル鉄道を行く、美しきブリティッシュ・スチーム・トレイン。

イギリス 「ブルーベル鉄道」 2004年

ブルーベル鉄道

世界最大級の保存鉄道に乗って

英国南部の東サセックス地方を走る「ブルーベル鉄道」は、世界最大級の保存鉄道である。全長12㎞の路線と蒸気機関車33両、その他の車両を合わせると100両以上を保有。鉄道を支える会員は、約8000人の規模だ。ブルーベルの名は、初夏になると沿線に咲く可憐な青い花の名から取ったという。

「ブルーベル鉄道」のもともとの路線は、かつてのSR（サザン鉄道）から英国国鉄に引き継がれたイーストグリンテッド～リューズ線。赤字で1958年に廃線となったのだが、1960年、有志の手で復活した。動態保存されている蒸気機関車は、SRの名機が多い。とりわけ有名な機関車が、切手の「ウエスト・カントリー」クラス。ロンドン～パリ間の豪華寝台列車「ゴールデン・アロー号」を牽引した、栄光の蒸気機関車である。

DATA

運行区間 キングズコート↔シェフィールド・パーク
主な経由地 ホーステッド・ケインズ
運行距離 12.1km
運行開始年 1960年
運行状況 11月下旬～3月上旬は週末、クリスマスは運休。それ以外は毎日運行

満洲国　「鉄道1万キロ突破記念」
1939年

特急あじあ号
満鉄最高峰の特急列車

DATA

運行区間 大連↔ハルビン
運行距離 約943km
運行期間 1934〜1943年
最高速度 130km/h
その他 すべての客車にエアコンが導入されていた

「特急あじあ号」は、満鉄最高峰の特急列車であった。満鉄とは、日本の鉄道技術を結集してつくった南満洲鉄道のこと。第二次世界大戦が終わるまで、現在の中国東北地方に存在していた鉄道である。

1934年の開始当初は、大連〜新京(現在の長春)間の全長701kmを、後にハルビン(943km)まで延長され走行。先頭に立っていたのが、写真の流線型パシナ形蒸気機関車だ。最高速度は130km/h。実際は、150km/hは出たという当時の乗務員の証言も残されている、世界でもトップクラスの高速列車だった。編成は、1〜3等車の客車に食堂車、郵便車などの7両。3等車も含めて冷暖房完備で、食堂車ではカクテルサービスがあり、最後尾には展望車も連結されるなど、欧米並みの豪華な設備とサービスを誇っていた。

現在、パシナ形蒸気機関車は、瀋陽蒸気機関車陳列館と大連機関区に1両ずつ保存されている。写真は大連にある757号だ。

大連機務段に保存されている満鉄時代のパシナ形蒸気機関車。

Railway Tea Break

世界の食堂車と駅弁ベスト20!!

櫻井 寛お墨付き!

92ヵ国の鉄道に乗って・撮った著者が、こよなく愛する鉄道の"食"。フルコースから珍味まで、車窓の眺めとともに味わう食堂車と駅弁20選!

日本では観光列車のみとなってしまった食堂車だが、海外では今も食堂車が健在だ。2～3㎞も走れば次の駅あり、駅弁や駅のコンビニ、さらに車内販売が発達している日本とは異なり、海外では100㎞以上駅がないことも。それゆえ長距離列車に食堂車は必要不可欠というわけだ。食堂車でご当地の美味、珍味をいただくのは鉄道旅の愉悦。

ハイラム・ビンガム
ピスコサワー&アルパカ肉料理

ペルーレイルの豪華列車ハイラム・ビンガム号の食堂車でランチに出たのが、果実酒ピスコサワーと、可愛いアルパカの肉料理だった。

マチュピチュ駅前レストラン
クイ(テンジクネズミ)の姿焼き

ペルー料理といえば、クイ・チャクタード(テンジクネズミの姿焼き)。ドリンクは国民的飲料インカコーラで決まり!

香港電車有限公司
観光トラム28号の飲茶サービス

意発、易発に通じることから28号トラムは縁起のいい観光トラム。この日はお昼時に飲茶がサービスされた。

メルボルン市電
カンガルーのステーキ

メルボルン名物トラムレストランでは、カンガルーのステーキがメインディッシュに。味はビーフの赤身のよう。

ザ・ガン
クロコダイルとカンガルー

オーストラリア大陸縦断列車ザ・ガン号の食堂車で、クロコダイルのハムとカンガルーのソテーが登場!意外と美味!

オリエント急行VSOE **オマール海老／フロマージュ**

18両編成中、食堂車は3両も。ブランチにオマール海老、食後のフロマージュなど、さすがに世界一の歴史と伝統と格式の豪華列車。

ドイツ超特急ＩＣＥ
ビールとソーセージとポテト

ドイツのＩＣＥには日本の新幹線にはない食堂車がある。ビールとソーセージとポテトの美味しいこと！

カサブランカ特急
パンとゆで卵

カサブランカ特急の停車駅ムサーダム駅でパンとゆで卵を売る兄弟。卵は２個で１ディルハム、１個当たり６円弱の安さ。

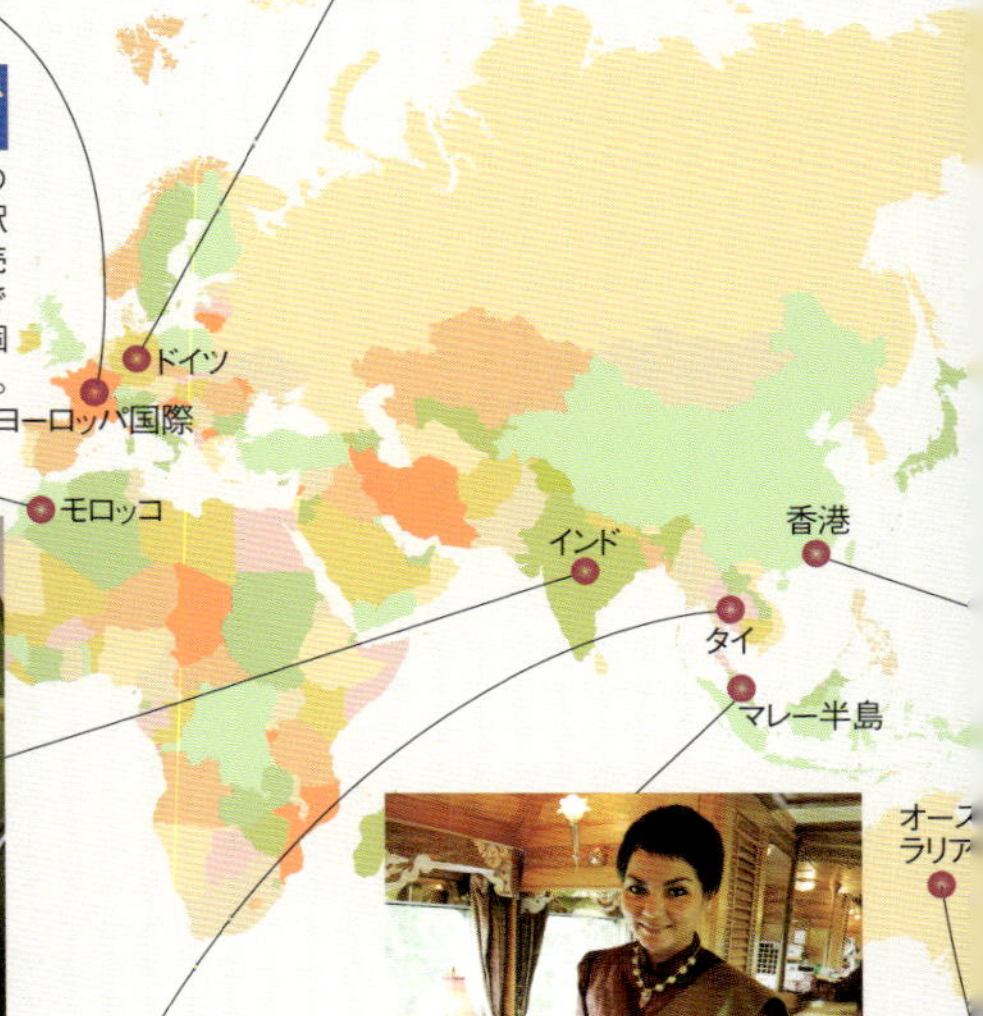

ダージリン・
ヒマラヤ鉄道
インドはどこでももちろんカレー

ダージリン・ヒマラヤ鉄道の始発駅ニュージャルパイグリ駅のカレーランチ。食後のデザートはどっさりバナナ。

タイ国鉄
車内販売のパッタイ

タイ国鉄の車内では次から次へと車内販売がやってくる。パッタイとはタイ風の焼きそばのこと。ピリ辛でくせになる味。

マレー半島Ｅ＆Ｏ
トロピカルフルーツとサテー

マレー半島３ヵ国を縦断する豪華列車Ｅ＆Ｏではフルーツとサテー（マレー風焼き鳥）が美味。

RAILWAY Tea Break

櫻井 寛お墨付き！

世界の食堂車と駅弁ベスト20!!

日本の鉄道には4000種もあるというのに、世界の鉄道にはほとんどないものといえば駅弁ではなかろうか。けれども、世界92ヵ国を旅してみれば、日本の駅弁とよく似たスタイルのお弁当は存在する。イタリア、韓国、台湾などである。小さなランチボックスの中身は開けてビックリの小宇宙で、それぞれ、お国ぶりが感じられて楽しい上に、デリーシャス！

内容はサラミ、チーズ、リンゴジャム、パンなど。割り箸ではなく、木製ナイフ、フォークも駅弁らしい。

綺麗なお姉さんが届けてくれます。

イタリア 超特急イタロ・ボックス

日本の駅弁にヒントを得て開発したという超特急イタロの車内販売駅弁が、その名も「イタロ・ボックス」。

イタリア

台湾 津々浦々の鉄道に駅弁あり

台湾の駅弁の特徴はおかずを仕切らないこと。具材の味が混然一体になるほど旨いのだ。

阿里山鉄道の奮起湖駅弁を長年作り続けてきた林金坤老師傅。

月台（ホーム）で立ち売りされる福隆月台便當。

台湾一番人気の駅弁。池上は台湾の米どころ。

↙ステンレスのお弁当箱は台湾の鉄道食文化なり。

高雄駅の鉄路便當。大きな排骨肉と青菜の旨いこと！

台湾

韓国

↑ソウル駅の韓流駅弁。ご飯、スープ、水付き700円。

←ビュッフェで購入した熱々キムチ丼。もちろん辛い。

韓国 ソウル駅やKOレイル車内販売

韓国の駅弁は種類こそ多くはないが味は充実の上、スープ付きが多い。のり巻き（キムパプ）は定番駅弁である。

↓のり巻き（キムパブ）駅弁。韓国のりはごま油で香ばしい。

ムグンファ号の美味しいビュッフェ。

発行国で探す
世界の鉄道切手 索引

本書掲載の切手図版を発行国の50音順に掲載。切手名の一部は、掲載ページと違う場合があります。

＊本書掲載の切手をはじめ、10,000点以上の切手や郵趣用品は、郵趣サ-ビス社で販売しています。ご注文は下記URLへ!

スタマガネット http://www.stamaga.net/

【主要参考文献】『図説世界の鉄道』O.Sノック監　平凡社／『世界の鉄道』ユージン・フォーダー編　集英社／『鉄道ギネスブック』和久田康雄監　イカロス出版／『オリエント急行』窪田太郎他著　新潮社／『ヨーロッパアルプス鉄道の旅』長真弓著　講談社／『海外保存鉄道』白川淳著　JTBパブリッシング／『世界の駅』三浦幹男・杉江弘著 JTBパブリッシング／『世界のスーパーエクスプレス』三浦幹男・原口隆行著 JTBパブリッシング／『世界のＬＲＴ』三浦幹男他著　JTBパブリッシング／『ヨーロッパ鉄道の旅』ダイヤモンド・ビッグ社／『イギリス鉄道の旅』ダイヤモンド・ビッグ社／『スイス鉄道の旅』ダイヤモンド・ビッグ社／『北米鉄道の旅』ダイヤモンド・ビッグ社／『世界の地下鉄』ぎょうせい／『世界豪華列車の旅』櫻井寛著　小学館／『世界鉄道の旅』櫻井寛著　小学館／『オリエント急行の旅』櫻井寛著　世界文化社／『世界の絶景鉄道に行こう』櫻井寛著　学研／『人気鉄道でめぐる世界遺産』櫻井寛著 PHP／『今すぐ乗りたい！世界名列車の旅』櫻井寛著　新潮社／『知識ゼロからの憧れの鉄道入門』櫻井寛著　幻冬舎／『ヨーロッパ時刻表』ダイヤモンド・ビッグ社／『日本鉄道切手夢紀行』櫻井寛著　日本郵趣出版／『さくら日本切手カタログ2018』日本郵趣協会／『郵趣』2005年6月号 日本郵趣協会／一般社団法人 日本地下鉄協会（HP）

【図版・資料強力】切手の博物館／郵趣サービス社／日本郵趣協会鉄道郵趣研究会／牛尾隆興／勝見洋介／三浦正悦

著者プロフィール

櫻井　寛（さくらい・かん）

1954年長野県に生まれ。
幼少の頃より旅と鉄道を何よりも好む。
鉄道員に憧れて昭和鉄道高校運輸科に入学したが、在学中から鉄道写真に魅せられ、写真家を目指して日本大学芸術学部写真学科に進む。
卒業後、出版社写真部勤務を経て、1990年にフォトジャーナリストとして独立。93年、航空機を使わず陸路海路のみで世界一周。94年、交通図書賞受賞。取材した国は92ヵ国、渡航回数は230回を超える。近著に、『JR九州D&S列車の旅』（双葉社）、『にっぽん縦断民鉄駅物語』（交通新聞社）、『日本鉄道切手夢紀行』（日本郵趣出版）など著書多数。『日本経済新聞』『毎日小学生新聞』『サンデー毎日』『日経おとなのOFF』『アサヒカメラ』『小説推理』『JR時刻表』など多数の連載をもつ。「駅弁5,000個を食べた鉄道写真家」としてTVに出演するなど、駅弁に関する仕事も多忙。日本写真家協会、日本旅行作家協会会員。東京交通短期大学客員教授。

※本書は、2010年から2014年に郵趣サービス社が頒布した「世界鉄道夢紀行」「列車でめぐる世界遺産の旅」（鉄道切手コレクションリーフ、解説＋写真：櫻井寛）をもとに再構成・記事の追加を行い、掲載しています。

切手ビジュアルトラベル・シリーズ

世界鉄道切手夢紀行

2017年８月15日　初版第1刷発行

著　　者	櫻井 寛
発　　行	株式会社 日本郵趣出版 〒171-0031 東京都豊島区目白1-4-23 切手の博物館4階 電話　03-5951-3416（編集部直通）
発 売 元	株式会社 郵趣サービス社 〒168-8081 東京都杉並区上高井戸3-1-9 電話　03-3304-0111（代表）
協　　力	三橋さと子
編　　集	最上邦昭
ブックデザイン	三浦久美子
印刷・製本	シナノ印刷株式会社

平成29年7月13日 郵模第 2690号

ISBN978-4-88963-810-3　C0065

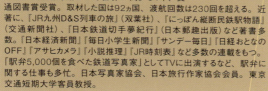